JN270263

ZATSUDANRYOKU SAKUTTO NOTE

誰と会っても会話に困らない

雑談力 サクッと ノート

櫻井弘話し方研究所代表
櫻井 弘
監修

永岡書店

★ ZATSUDANRYOKU SAKUTTO NOTE ★

はじめに

相手の話を聞くことが雑談の出発点

　雑談力を上げるためには、話のネタをたくさん持っておいて、相手に合わせてそのネタを使って会話して……、と何やら難しく考えてはいませんか？

　実はそんな必要はありません！　雑談のネタは、相手の外見や話の中からいくらでもつくれてしまうからです。しかも、相手が話したことをしっかりと聞いておけば、内容に合った質問をするだけでも立派な雑談になります。そう、話すことだけが雑談ではないのです。

　本書では、そんな雑談の基本メソッドを解説しています。これを読めば、難しく考えることなく、どんな相手ともサクッと雑談ができるようになるでしょう。

最近は"雑談が苦手"と思い込んでいる人が多くいると聞きます。とくに「初対面」や「話が途切れた時」、「苦手な人との会話」などで困っている人が多いようです。本書ではそんな時に役立つフレーズが満載です。

　さらに、ビジネスシーンだけでなく、プライベートで雑談が必要な場面をいくつも想定し、その際に使える雑談フレーズをたくさん掲載しました。そのフレーズを使えば、すぐに雑談力がアップすることでしょう。

　「がんばって雑談するぞ！」と、意気込む前に、まずは肩ひじを張らずに、「サクッと雑談しよう」というぐらいに考えて、本書で紹介していることをぜひ実践してみてください。

櫻井弘

雑談力が サクッと アップする
[本書の特長と使い方]

本書は、仕事やプライベートで役に立つ「雑談」のキーフレーズを、
シチュエーションごとに紹介しています。
雑談が必要になる、ちょっとした時のために、
サクッと読んでサクッと話せるように、ぜひ活用してください。

＼ すぐに使える「雑談力」アップのフレーズが満載！ ／

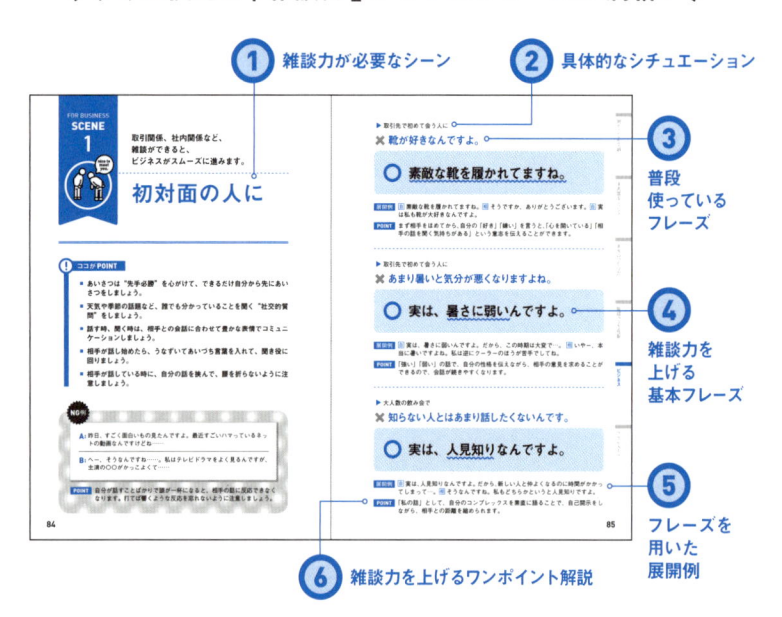

① 雑談力が必要なシーン
② 具体的なシチュエーション
③ 普段使っているフレーズ
④ 雑談力を上げる基本フレーズ
⑤ フレーズを用いた展開例
⑥ 雑談力を上げるワンポイント解説

① 雑談が必要になるシーンに分かれています。あなたの知りたいシーンから読んでもOK。

② どんなシチュエーションで雑談力の高いフレーズを使えばいいのか表示しています。

③ 普段使ってしまっている雑談フレーズを表しています。

④ 雑談力を高める基本フレーズを紹介しています。

⑤ 実際に基本フレーズを使ったらどんな展開になるのか、展開例を紹介しています。

⑥ 雑談力を高めているポイントや、雑談力をさらにアップさせるためのアドバイスなど、詳しく解説しています。

＼雑談力がすぐにアップする「マジックフレーズ」を30個紹介!! ／

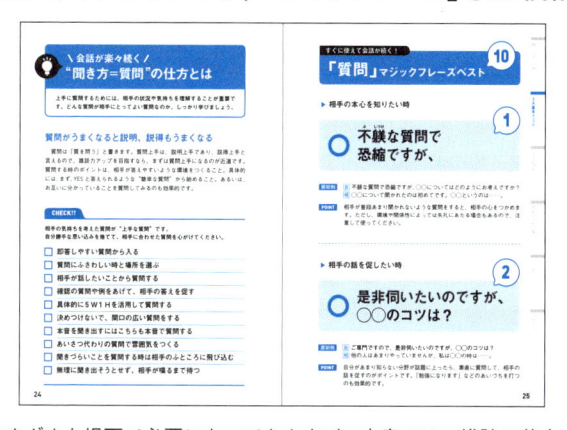

雑談はさまざまな場面で必要になってきますが、本書では、雑談の基本メソッドである「質問」「あいづち」「ネタの振り方」で使える「マジックフレーズ」を、それぞれ10個ずつ集めて解説しています。すぐに使いたい時に、まずはこのマジックフレーズを覚えて、使ってみてください。

- -

＼雑談ネタを生み出すための「共通点のつくり方」をマスター！／

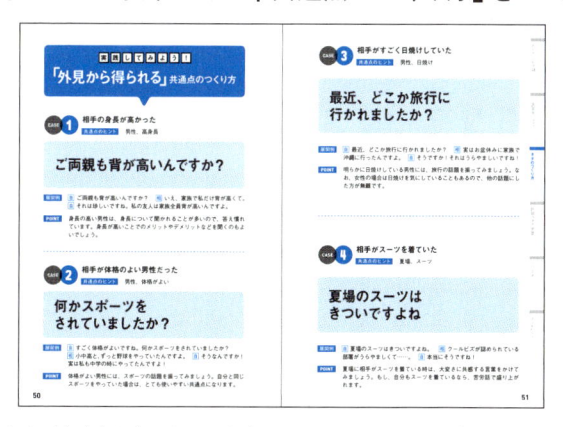

雑談にはネタがたくさんないと……と考えてはいませんか？　確かに雑談にはネタが必要ですが、わざわざ努力して探さなくても、自分と相手との共通点を見つければ十分です。本書では、相手とどんな共通点があるのか、どんなフレーズで雑談をすればいいのかを解説しています。これをマスターすれば、どんな相手とも雑談できますよ。

★ ZATSUDANRYOKU SAKUTTO NOTE ★

目 次
CONTENTS

はじめに ……………………………………………………………………… 2
本書の特長と使い方 ………………………………………………………… 4

序章

あなたの雑談は間違っている!?
雑談は聞くことが9割だ

"雑談"は聞くことが9割! ………………………………………………… 10
すぐに"雑談上手"になれる7つのコツ ………………………………… 12
"雑談ベタ"を解消する8つのテクニック ……………………………… 16

第1章

雑談力がグッと上がる
雑談の3大基本メソッド

「聞き方・聴き方・振り方」をマスターしよう! ……………………… 22
"聞き方=質問"の仕方とは ……………………………………………… 24
「質問」マジックフレーズベスト**10** …………………………………… 25
"聴き方=あいづち"の仕方とは ………………………………………… 30
「あいづち」マジックフレーズベスト**10** ……………………………… 31
"ネタの振り方"とは ……………………………………………………… 36
「ネタの振り方」マジックフレーズベスト**10** ………………………… 37

第 2 章

雑談のための準備をしよう！
雑談ネタのつくり方

"雑談ネタ" は共通点から見つけよう！ ……………… **48**
「外見から得られる」共通点のつくり方 ……………… **50**
「会話から得られる」共通点のつくり方 ……………… **54**

第 3 章

これで話しかけられる！
雑談ベタの 3大シーンを克服しよう

雑談ベタの３大シーン克服法！ ……………… **64**
「初対面」の時の定番フレーズ**7** ……………… **66**
「話しが途切れる」時の定番フレーズ**7** ……………… **70**
「苦手な人と話す」時の定番フレーズ**7** ……………… **74**

第 4 章

仕事がスムーズに進む！
ビジネスで使える雑談フレーズ

SCENE 1	初対面の人に	**84**
SCENE 2	沈黙を突破したい時	**94**
SCENE 3	話題や流れを変えたい時	**104**
SCENE 4	苦手な人に	**114**
SCENE 5	ちょっと間を埋めたい時	**124**
SCENE 6	オフィシャルじゃない場面で	**134**

第5章

まわりといい関係を築ける！
プライベートで使える雑談フレーズ

SCENE 1	ご近所の人に対して	**148**
SCENE 2	友達との付き合いで	**158**
SCENE 3	家族親族との付き合いで	**168**
SCENE 4	初対面の人と	**178**
SCENE 6	恋愛の場面で	**182**

雑談トラブル脱出術

COLUMN 1	「長話を切り上げたい時」	**42**
COLUMN 2	「何を言ってもリアクションが薄い時」	**58**
COLUMN 3	「話すネタが尽きた時」	**78**
COLUMN 4	「ネガティブをポジティブに変換したい時」	**142**
COLUMN 5	「会話中の緊急事態対処法」	**188**

ZATSUDANRYOKU SAKUTTO NOTE

序章

\ あなたの雑談は間違っている!? /

雑談は
聞くことが9割だ

雑談のコツは、ずばり"聞くこと"です。
相手の話を上手に聞くことができれば、
会話がスムーズになって、相手とよい関係性が作れます。

"雑談"は聞くことが9割!

雑談というと"自分の話"と考えがちですが、会話はキャッチボール。相手の話をきちんと聞くことが、雑談力アップの第一歩です。

相手の話を上手に聞けると良好な人間関係を形成できる

　雑談が上手にできると、場の空気を和らげることができ、その結果、相手と良好な関係を形成することができます。ここで重要になるのが、"聞く"ことです。相手の話をきちんと聞けないと、空気が読めず、その結果、相手が構えてしまうため、相手に好かれず、"よい関係"もつくれなくなってしまいます。関係性を進展、発展させる土台づくりのために、雑談、そして"聞く"ことが重要な役割を果たすのです。

　そして、上手に聞く基本は"うなずいて反応を示すこと"。みなさんも反応のよい相手にどんどん話したくなったという経験があると思います。これは誰でも同じで、相手に興味があることを示すと話を促進できます。また、この時、場の空気や状況を考えて、適切なあいづちを打ったり、相手が伝えたいキーワードを繰り返したりして、好意的な反応を示すことも大切です。

CHECK!!

» うなずく
相手の話に興味を持ってうなずくことで、好意的な反応を示すと、場の空気がよくなるので、話し手の話を促進できます。

» "あいづち言葉"を入れる
話の合間、合間に、テンポよく適切な"あいづち言葉"を入れていくと、相手の気持ちを受け止めることができます。

» キーワードを繰り返す
会話の中で相手が強調したい言葉（＝キーワード）を繰り返してあげれば、相手の満足度がアップするので、自然と話が盛り上がります。

雑談ができると役に立つ場面

初対面の人が多く、全体の雰囲気が緊張している

全体の雰囲気が緊張している場面では、なかなか自分から話し出せないものです。ただ、ここで口火を切ることができれば、場の雰囲気だけでなく、自分の緊張もほぐせます。

苦手なタイプの人と商談などで話さなくてはならない

苦手な人と相対すると意識的に空気を和らげようとして、逆に堅くなってしまいがちです。しかし、そんな時こそ、相手に対する先入観を捨て、外の空気を取り入れるつもりで、気軽に話してみましょう。

ビジネスで緊張するプレゼンやイベントが開始される前

競合他社と競い合う場面は、ギスギスしがちで、自然と緊張が高まります。緊張をほぐす意味でも、「勇気は言う気」と自分に言い聞かせ、思い切って他社の人にも声をかけてみましょう。

すぐに"雑談上手"になれる7つのコツ

「うまく雑談をしなくては……」と堅くならずに、まずはコツを押さえて、普段の心がけをほんの少しだけ変えてみましょう。

雑談力アップの第一段階は普段の心がけから

雑談上手を目指すといっても、話題、言葉遣い、表情、反応のタイミングなど、あまりに範囲が広すぎて、どこから手を付けたらよいのか分からないという方が多いと思います。私の経験上、雑談上手な人は、あまり心のガードを高くせずに"気軽に進んで話しかける心"、自分と違う相手の"気持ちや立場を思いやる心"、自分のやり方や考え方にこだわらず相手や状況に合わせる"柔らかい心"という、3つの心を持っています。まずは、この3つができているかを考えてみて、もしできていなければ、できる範囲で心がけを変えてみましょう。

そして、次のステップとして、後述する7つのコツを実践してみてください。雑談というと話題やフレーズばかりに目を奪われがちですが、まずは何より心がけが大事。雑談フレーズを学ぶ前に、これらのコツをしっかりと押さえてください。

CHECK!!

》気軽に、進んで話しかける

雑談上手になるためには"気軽さ"が必要です。「こんなこと聞いていいのか」「忙しいんじゃないか」などと深く考えすぎずに、進んで話しかけてみましょう。

》相手の気持ちや立場を思いやる

雑談では、相手の気持ちや立場を尊重して、受け入れることも重要です。相手のことをきちんと"キャッチ"できれば、自然と良好な関係が築けます。

》自分のやり方や考え方にこだわりすぎない

自分の考え方にこだわりすぎると、相手を否定しがちになります。いつも相手のことを肯定できるように"柔らかい心"を持ってください。

雑談上手になるためのコツ

コツ 1 　物事に対して好奇心を持つ

好奇心が雑談に役立つ

　日常生活を送っていると、テレビや雑誌、インターネットなどで好奇心をくすぐられるニュースや物に出会うことがあると思います。そのような好奇心を活かして得た情報やそれに対する感想は、雑談のネタとして使えます。また、雑談をしている時でも、相手の外見や持ち物、話に対して、素直に好奇心を表現できれば、話題に困ることも少なくなります。あなたの直感的な好奇心を活かして、気軽に雑談をしてみてください。

コツ 2 　人間に対して好奇心を持つ

非言語要素を読み解く

　最近は、メール中心のコミュニケーションが増えていますが、メールのやり取りは"言葉"です。雑談も言葉をやり取りしますが、生身の人間とのフェイス・トゥ・フェイスのやり取りでは、表情や間、反応など非言語要素も重要です。この非言語要素を読み解くのに役立つのが、人間に対する好奇心です。常に好奇心を持って相手に接することができれば、言葉にこだわることなく、ささいな変化や反応に気づきやすくなります。

コツ3 チャレンジ精神を持つ

勇気は"言う気"

　雑談は、話題一つで新しいことが発見できたり、自分では気づかなかったことに気づかせてもらえる便利で有益なものです。そのため、"苦手意識"を持っていると、新たな発見のチャンスを逃してしまいます。現状に満足せず、新たな発見を求めて、常に"自ら動く"というチャレンジ精神を持って、雑談に挑むことが重要です。勇気は"言う気"です。苦手な相手と話す時でも、苦手な話題でも、勇気を持って、どんどんチャレンジしていきましょう。

コツ4 まず動く行動力

ともかく動こう

　"案ずるよりも産むが易し"。考えてから動く人や何も考えずに動く人もいますが、"知覚動考（ともかくうごこう）"が重要です。"知る""覚える""動く""考える"が、コミュニケーションのキーワード。これは、知って覚えること（＝知識）と考えて行動に移すこと（＝知恵）が大事ということです。そして、この中で一番大事な文字は"動"。率先垂範で、自ら動いてリーダーシップを発揮できれば、自然と雑談力もアップします。

コツ5 いろいろな人と会話する

刺激を受けて、吸収する

　日常生活では、自分と同じ趣味の人や好きなタイプの人と話しがちですが、いつも同じような人たちと会話をしていると、刺激がなく、吸収することもありません。また、なれ合いの関係になって、相手の気持ちに目が向きにくくなります。ぜひ自分と違うタイプの人と話してみてください。違ったもの同士のほうが刺激になります。人間は違って当然。その違いを知って、埋めていくのが雑談です。できる範囲で、意識的にいろいろな人と話してみてください。

コツ 6　さまざまなジャンルの本を読む

友人と本を交換する

　普段、自分が吸収できる知識の範囲は限られていますが、本を読めば幅広い知識が得られます。しかし、自分で本を選ぶと、ついつい好みの作家やジャンルのものばかりになりがちで、知識が偏ってしまいます。いつも同じような本ばかり読んでいる方は、友達や家族とおすすめの本を交換してみてください。新たな知識や発見が得られるだけでなく、相手のことがより理解しやすくなり、さらにその本の話題で盛り上がることができます。

コツ 7　SNSを活用する

情報収集とコミュニケーション

　今や、なくてはならないコミュニケーションツールになった facebook や Twitter などの SNS は、雑談にも役に立ちます。タイムライン上に流れてくるニュースや友人の記事は、格好の雑談ネタに。また、フェイス・トゥ・フェイスのコミュニケーションではありませんが、友人の記事やツイートにレスを返すのも雑談の練習になります。自分の投稿にレスが付くと、悪い気はしないものです。深く考えすぎず、気軽にコミュニケーションしてみましょう。

"雑談ベタ"を解消する 8つのテクニック

雑談ベタの原因はさまざまありますが、その解消法はいたってシンプル。少し考え方を変えるだけで、すぐに雑談上手になれます。

「発信型」の人間を目指し、悩みやトラウマはすぐに解消する

　日本人全体の傾向とも言えますが、「こんなこと聞いたら…」「今こんな話題を話したら…」と、話す前から結果を先取りして、言葉が出ない、行動に移れないという方がいます。これは、日本の「察し型文化」からきているので、結構根が深い問題です。まずは、できる限り、「察し型」から「発信型」「表現型」「(自分の考えをわからせる) わからせ型」への移行を試みてください。また、雑談が原因で、トラウマや劣等感などネガティブな状態に陥ると、雑談ができなくなってしまう場合もあります。そのような状態に陥る前に、その状態から脱却できるような環境、すなわち友人や家族などの相談相手をつくり、一人で考えない環境を整えておきましょう。一人で考え込んでしまうと、負のスパイラルにはまって、悩みを深刻化させてしまうこともあるので注意してください。

CHECK!!

≫ 話題の幅を広げる
話題の幅が狭いと、相手の共感を得にくく、また、話が盛り上がりにくくなります。普段から雑談のネタを集めておきましょう。

≫ 相手を受け入れる
表情が固かったり、相手を不快にさせる態度を取ってしまうと、相手の話す気持ちをそいでしまいます。話す時は、相手を受け入れる姿勢を示しましょう。

≫ 相手の目を見て話す
話している時に、相手の目を見ないと、気持ちが伝わりづらくなります。また、印象もよくないので、できるだけ相手の目を見て話すようにしましょう。

今すぐ実践したい雑談テクニック

テクニック 1 "先に"相手の名前を呼んであいさつする

まずは身近な声をかけやすい人の名前を呼んで、あいさつしてみましょう。"名前を呼ぶ"という新しい習慣を意識すると、関係性が変わります。身近な人で慣れたら、少しずつ範囲を広げていきましょう。

実践すると

おはようございます → ○○さん、おはようございます！

POINT 名前を呼ぶことで、相手の意識を自分に向けることができます。

暑いですね → ○○さん、今日は暑いですね！

POINT 名前を呼ぶと無視されにくくなるので、雑談につながりやすくなります。

テクニック 2 "笑顔"で"打てば響くように"反応を示す

雑談はキャッチボールなので、反応の示し方や早さが重要になります。反応を示す時は、たとえ言葉が浮かんでいなくてもまずは笑顔で。また、反応が早いと好印象を与えられます。

実践すると

分かりました → ○○ということですね！承知しました！

POINT 相手から説明を受けた時は、説明のポイントを繰り返すと効果的です。

そうなんですね → すごく勉強になりました！

POINT 相手からよい話を聞いた時は、笑顔で感謝の意を伝えましょう。

テクニック 3 　肯定的な言葉を使う

「嫌い」や「できない」など、否定的な言葉を使うと、相手に悪い印象を与えてしまいます。雑談をする時も、できるだけ物事を"肯定的"に見て、肯定的な言葉を使うように心がけましょう。

実践すると

| できないですね | → | 解決策を考えましょう！ |

POINT 難しいことでも、できるだけ肯定的な表現をしましょう。

| ○○が好きなんですか。僕は嫌いです。 | → | ○○のどういうところが好きなんですか？ |

POINT 嫌いなものの話題になったら、相手の話を掘り下げるのも手です。

テクニック 4 　できるだけ"豊かな表情"で接する

雑談中は、いつも笑顔で、喜怒哀楽の表現を大きめにしてみましょう。表情は言葉以上に"伝える力"を持っているので、例え話がつまらなくても、表情で人を引きつけることができます。

実践すると

| なるほど | → | えっ？　本当ですか？ |

POINT 単にうなずくのではなく、驚きを表現してみましょう。

| 面白いですね | → | はっはっはっ！最高ですね！ |

POINT 面白いと思ったら、大きな声で笑うのもよいでしょう。

テクニック ⑤ 自分と"違うタイプ"の人と積極的に接する

自分とは"違うタイプ"や"違う世界"の人と話すと、たくさんの刺激を受けます。話題づくりのためにも、雑談力をアップさせるためにも、様々なタイプの人たちと積極的に話してみてください。

実践すると

| 私とは違いますね | → | それはすごい！
○○の楽しみって何ですか？ |

POINT 相手との違いに興味を示して、さらに質問してみましょう。

| 私はそうは思いませんね | → | どうして
そう思われたのですか？ |

POINT "違い"を明確化するのではなく、違う理由を探してみるのもよいでしょう。

テクニック ⑥ できるだけ"先入観"を持たないで人と接する

誰でも先入観を持ちがちですが、先入観を持ってしまうとそこから抜け出せなくなります。これはかなり難しいテクニックなので、意識的に"白紙の状態"をつくるように練習してみてください。

実践すると

| ○○なんて、意外ですね | → | ○○なんですね！ |

POINT 勝手な思い込みを捨てて、相手の言葉を素直に受け入れましょう。

| もっと恐い方かと
思っていました | → | ○○さんは
笑顔が素敵ですよね |

POINT ネガティブな先入観があると、気軽に雑談ができなくなるので注意。

テクニック 7 "諦めず粘り強く"働きかける

　話が相手に伝わらなかったり、予想外の答えが返ってくることもありますが、諦めずに話を続けてください。"分かるはず""分かるべき"という"はずべき"は"恥ずべき"行為として、失敗を恐れずに話してみましょう。

実践すると

| 分かりますよね？ | → | 分かりにくいですか？
では、これならどうですか？ |

POINT 話が相手に伝わらなかった時は、例を挙げるなどして、説明を尽くしましょう。

| そうなんですか……。 | → | それは面白いですね！
私は……。 |

POINT 予想外の答えが返ってきても、肯定的にとらえて話を続けましょう。

テクニック 8 相手の"持ち味"を発見して、尊重する

　会話では、自分の持ち味を活かすことも大事ですが、相手の持ち味を尊重することがより重要になります。よく相手のことを観察して、持ち味を探してみてください。

実践すると

| 私は○○なんですよ。 | → | ○○さんの笑い方って
ユニークで素敵ですね！ |

POINT 本人も気づいていないところをほめることができればベストです。

| 私ならこうします。 | → | ○○さんのやり方は
効率がよさそうですね！ |

POINT 相手のことをよく観察して、よいと思うところを指摘してみましょう。

第 1 章

\ 雑談力がグッと上がる /

雑談の3大基本メソッド

3大基本メソッドとは、"聞く""聴く""振る"のこと。
それぞれのやり方を少し意識するだけで
雑談力がアップします。

「聞き方・聴き方・振り方」を マスターしよう!

"聞く""聴く""振る"の3ステップをマスターして、盛り上げられる雑談力を手に入れましょう。

適切なキャッチボールで 相手の心をつかむ雑談に

　まず、"聞く"、すなわち"質問する"ことは、雑談において、話を活発化するための前提条件です。なぜなら、雑談では"質問しなければ、話が始まらない"からです。次に、"聴く"は、相手の目を見て、相手の立場に立って、相手の気持ちを汲み取ることです。したがって、結構エネルギーや集中力を要する聴き方になりますが、その姿や気持ちを相手に気づかれないようにするという難しさがあります。リラックスしているように見せて、肝心な箇所は集中して聴くという力が求められます。最後に"振る"は、打てば響くような反応を示して、ネタを振ることで、雑談を盛り上げます。表情豊かに大きくうなずいた後に「なるほど!」などの"共感的なあいづち言葉"を効果的に入れ、また、語調や声の大きさも顔の表情に合わせた言い方をしてください。

CHECK!!

≫ 質問で話を活発化する

雑談は、質問によって活発化するので、できるだけその人、その場、その時に合わせた質問を意識してください。笑顔で質問することも重要です。

≫ さりげなく集中して聴く

あまり身構えて話を聴くと、相手を緊張させてしまいます。そのため、リラックスしているように見せて、肝心な箇所は集中して聴くという力が求められます。

≫ 表情豊かにネタを振る

ネタを振る時は、喜怒哀楽の表現を大きく、"演じる"くらいの気持ちを持って、臨まないと、上手な答え方とは言えません。いつもより少しオーバー気味にネタを振りましょう。

3つをマスターすればこんなに役立つ！

聞く

商談やプレゼンを控えて情報収集をする場合

商談やコンペ、プレゼン前に情報収集する時は、雑談の中で適切な質問ができると、相手のニーズが把握できます。雑談は、ビジネスで相手のホンネを探る時にも有効です。

聴く

相手が気を落としている場合

相手が気を落としている時や、ネガティブになってしまっている時には、あいづちが重要になってきます。相手の気持ちに共感していることをきちんと表現することで、その場に合った雑談になります。

さぞかし気を揉んだことでしょうね

振る

ビジネスの商談で自分の意思を通したい場合

商談でNOをYESに変えたい時は、自分の話に到達するためのネタ振りが重要になります。"撒き餌"のようにネタを振って、自分の話題に持っていきましょう。

今の話で思い出したのですが…

＼ 会話が楽々続く ／
"聞き方=質問"の仕方とは

上手に質問するためには、相手の状況や気持ちを理解することが重要です。どんな質問が相手にとってよい質問なのか、しっかり学びましょう。

質問がうまくなると説明、説得もうまくなる

　質問は「質を問う」と書きます。質問上手は、説明上手であり、説得上手と言えるので、雑談力アップを目指すなら、まずは質問上手になるのが近道です。質問する時のポイントは、相手が答えやすいような環境をつくること。具体的には、まず、YESと答えられるような"簡単な質問"から始めること。あるいは、お互いに分かっていることを質問してみるのも効果的です。

CHECK!!

相手の気持ちを考えた質問が"上手な質問"です。
自分勝手な思い込みを捨てて、相手に合わせた質問を心がけてください。

- [ ] 即答しやすい質問から入る
- [ ] 質問にふさわしい時と場所を選ぶ
- [ ] 相手が話したいことから質問する
- [ ] 確認の質問や例をあげて、相手の答えを促す
- [ ] 具体的に5W1Hを活用して質問する
- [ ] 決めつけないで、間口の広い質問をする
- [ ] 本音を聞き出すにはこちらも本音で質問する
- [ ] あいさつ代わりの質問で雰囲気をつくる
- [ ] 聞きづらいことを質問する時は相手のふところに飛び込む
- [ ] 無理に聞き出そうとせず、相手が喋るまで待つ

すぐに使えて会話が続く！
「質問」マジックフレーズベスト ⑩

▶ 相手の本心を知りたい時

① 不躾（ぶしつけ）な質問で恐縮ですが、

展開例
自 不躾な質問で恐縮ですが、○○についてはどのようにお考えですか？
相 ○○について聞かれたのは初めてです。○○というのは……。

POINT 相手が普段あまり聞かれないような質問をすると、相手の心をつかめます。ただし、環境や関係性によっては失礼にあたる場合もあるので、注意して使ってください。

▶ 相手の話を促したい時

② 是非伺いたいのですが、○○のコツは？

展開例
自 ご専門ですので、是非伺いたいのですが、○○のコツは？
相 他の人はあまりやっていませんが、私は○○の時は……。

POINT 自分があまり知らない分野が話題に上ったら、素直に質問して、相手の話を促すのがポイントです。「勉強になります」などのあいづちを打つのも効果的です。

▶ 話のポイントを知りたい時

③ 一言で言うとどうなるでしょうか?

展開例
- 自 今のお話のポイントを一言で言うとどうなるでしょうか?
- 相 ○○ということです。

POINT 長い話を聞いた後に質問する場合は、話のポイントを聞いてから質問すると、要点を突いた的確な質問ができます。他に、話が理解しにくかった時にも使えます。

▶ 話をさらに聞きたい時

④ 何か身近な具体例はありますか?

展開例
- 自 なるほど、大まかに理解できました。○○について、何か身近な具体例はありますか?
- 相 身近な例だと、○○でよく使われていますよ。

POINT 相手の話が終わった後に、身近な具体例を聞くと、その"身近な回答"から自分の話題に持ち込みやすくなります。また、話に対する興味を表現する効果もあります。

▶ 話を深めたい時

⑤ ○○とも言えますか？

展開例
自 別な言い方をすると、○○とも言えますか？
相 それは少し違いますね。ただ、○○という点は同じです。

POINT 相手の話を言い換えてみると、その話を深めることができます。この時、合っているか、間違っているかは大きな問題ではないので、気軽に質問してみましょう。

▶ 話を展開させたい時

⑥ そのような例は他にもありますか？

展開例
自 なるほど！ それは知りませんでした。そのような例は他にもありますか？　相 他だと、○○ということがありますね。

POINT 自分の知らない話を聞いたら、素直に「知りませんでした！」とあいづちを打ちましょう。さらに話を展開させたい時は、他の例を聞いてみるのもよいでしょう。

▶ 相手の好みを知りたい時

> # もしもAとBなら
> # どちらを選びますか？
> ### 7

展開例 　[自] もしもAとBならどちらを選びますか？　また、その理由も教えていただけますか？　[相] 私ならAですね。理由は……。

POINT 　相手のことを知りたい時は、漠然とした質問ではなく、二択にすると相手が答えやすくなります。この時、併せて理由も聞くと、その後の話が盛り上がりやすくなります。

▶ 仕事や趣味について教わりたい時

> # 我々でもできますか？
> ### 8

展開例 　[自] 我々でもできますか？　また、直ぐに誰でもできる方法を教えていただけますか？　[相] みなさんでも○○というソフトがあれば、簡単にできますよ。

POINT 　ある程度の関係を築いた相手から教わる時は"自分"でもできるかを聞くと、細かい説明を促すことができます。相手に自分のことを考えさせられるため、親密度も高まります。

▶ 話のポイントを絞りたい時

9

○ 前と後では何が大きく変わりましたか？

展開例 　自 それを行なう前と後では何が大きく変わりましたか？
　　　　　 相 そうですね……。コスト面が一番変わったかもしれません。

POINT 　相手が新しいことを始めたという話題になったら、変化を聞くとポイントを絞れます。相手の回答に合わせて、さらに詳しく話を聞いてみるのもよいでしょう。

▶ 雑談をスタートさせたい時

10

○ ○○を始めるきっかけは？

展開例 　自 月並みな質問ですが、○○を始めるきっかけは？　相 小学生の頃にテレビで見て、いつかやりたいなと思っていたんですよ。

POINT 　相手の仕事や趣味を知っている場合、それを始めた"きっかけ"を聞くと、その人の経歴や好み、人間像など、さまざまな情報を聞き出すことができます。

会話が楽々続く "聴き方=あいづち"の仕方とは

一言であいづちと言っても、種類や役割はさまざまです。その場に合ったあいづちをすれば、相手との雑談がスムーズに展開できます。

あいづちを使い分けて話を思い通りに導く

あいづちには、①同意して自分の意見を聞いてもらう環境を整える"同意"、②相手の気持ちや立場に配慮することで心をつかむ"共感"、③議論を整理する"整理"、④話を促す"促進"、⑤相手を否定せずに話を変える"転換"、⑥驚きを示して話を盛り上げる"驚嘆"の6種類があります。その場の空気や相手の反応に合わせて、あいづちを使い分ければ、話を思い通りに導くことができます。

CHECK!!

相手や話の流れに合わせて、適切なあいづちをテンポよく入れられると、話が盛り上がりやすくなります。

- [ ] 時間を置かずに、打てば響くようにあいづちを入れる
- [ ] 相手の目を見て、表情豊かに、あいづち言葉を入れる
- [ ] 相手が強調したい言葉をオウム返しのあいづちとして入れる
- [ ] 相手の立場や気持ちに共感するあいづちを入れる
- [ ] 意見が違っても、相手の考えを肯定するあいづちを入れる
- [ ] 話がわかりにくい人には、話を整理するあいづちを入れる
- [ ] 同じ話を繰り返す人には、話を変えるあいづちを入れる
- [ ] 口の重い人には、話を促すようなあいづち言葉を入れる
- [ ] 相手の話の内容に応じて、感嘆詞や驚きのあいづちを入れる
- [ ] 相手の自尊感情を守るあいづちを入れる

すぐに使えて会話が続く！

「あいづち」マジックフレーズベスト 10

▶ 相手を持ち上げたい時

○ すごいですね！ ①

展開例
相 昨日、すごく大きな鯛を釣ったんですよ。
自 本当ですか！ すごいですね！　何センチくらいだったのですか？

POINT よい話や自慢を聞いたら、素直に驚嘆のあいづちを打ちましょう。否定したり、その話を上回る話をすると、場が盛り下がってしまうので注意してください。

▶ 相手の苦境を聞いた時

○ さぞかし気を揉(も)んだことでしょうね。 ②

展開例
相 実は先月まで飼い犬が病気だったんですよ。
自 さぞかし気を揉んだことでしょうね。その後、大丈夫ですか？

POINT ネガティブな話でも、共感のあいづちが効果的な場面があります。相手の気持ちと場の空気を考えて、適切なあいづちを打ってください。

▶ 相手の気持ちに配慮したい時

3

◯ 大変でしたね。

展開例　相 先日、子どもが熱を出してしまって……。
　　　　　自 ご心配でしたでしょう！大変でしたね。

POINT　雑談は楽しい話ばかりではありません。悲しい話や心配な話を聞いたら、共感のあいづちを打って、相手の気持ちに配慮するようにしてください。

▶ 失敗談を聞いた時

4

◯ 私も○○さんの立場だったら、きっとそうします！

展開例　相 部下を怒りすぎてしまったかなと反省しているんですよ。
　　　　　自 私も○○さんの立場だったら、きっとそうします！

POINT　ちょっとした失敗談を聞いた時は、自分事に置き換えて共感すると、相手の心をつかめます。「それはよくない」など、否定のあいづちを打たないように気を付けましょう。

▶ 大胆な行動で成功した話を聞いた時

○ 私は勇気が無くて、とても真似できません！ ⑤

展開例
相 昨日、飛び込みで営業したら、いきなり社長に会えたんだよね。
自 そうなんですか！　私は勇気が無くて、とても真似できません！

POINT　相手を立てて、自尊感情を高めるあいづちです。誰でもできるのではなく、"あなただからこそ"というニュアンスを伝えられるように、語調や表情にも気を配りましょう。

▶ 目上の人に話を聞いた時

○ おっしゃる通りです！ ⑥

展開例
相 ○○くんは、○○なところがあるから、気を付けないとね。
自 おっしゃる通りです！　以後、気を付けます。

POINT　目上の人の話は、よほどのことがない限り、素直に同意するのが無難です。同意すると、自分の話を聞いてもらいやすくなるという効果もあります。

▶ 話を盛り上げたい時

7

○ **とても敵わないですね！**

展開例　相 昨日まで出張でヨーロッパに行ってたんだけど、明日からアメリカに行くんだよね。　自 ○○さんの体力には、とても敵わないですね！

POINT　仕事の苦労や大変さを聞いたら、その仕事をこなす相手のすごいところをピックアップしてほめると、相手の自尊感情をくすぐれます。

▶ 鋭い指摘を受けた時

8

○ **よくそこにお気づきになりましたね！**

展開例　相 この手のサービスって、女性に人気ですよね。
　　　　自 よくそこにお気づきになりましたね！

POINT　鋭い指摘を受けたら、自分の話に持ち込むのではなく、まずは相手の慧眼（けいがん）をほめましょう。賞賛のあいづちをはさむことで、話が盛り上がります。

▶ 知らないことを教わった時

⑨ 知りませんでした！

展開例　相 ○○は、○○という生態があるんですよ。
　　　　　自 知りませんでした！　びっくりです！

POINT　知らないことや珍しい話を聞いた時は、素早く驚嘆のあいづちを打ちましょう。反応のスピードや表情にも気を付けてください。あいづちと同時に身を乗り出すのも効果的です。

▶ 口が重い人に話してもらいたい時

⑩ せっかくですから、

展開例　相 この後は大体ご想像通りですよ。
　　　　　自 せっかくですから、その続きを聞かせていただけますか？

POINT　会話が苦手、話に自信がないなどの理由で、口が重い人に対しては促進のあいづちが効果的です。話を促した後も、よい反応を示して、話を盛り上げていきましょう。

\ 会話が楽々続く /
"ネタの振り方"とは

> 雑談のネタを振る時は、テンポよく振ることを意識して、さらに相手と自分との関係性を意識して、その後の反応を考えておくとよいでしょう。

持ちネタを出しつつ目の前にある現場も活かす

　ネタを振る時は、"ボケとツッコミ"を意識してテンポよく、直球と変化球を織り交ぜていきましょう。また、持ちネタが少ない場合は、その場でネタを探す練習をしてみてください。相手の服装、場所、置物など、目の前にあるものをネタにして、話を振ってみましょう。ビジネスの会話ではなく雑談なので、トライアンドエラーで気軽に練習しましょう。

CHECK!!

ネタを振る時は、相手のことを考えて答えやすいネタを振りましょう。
自分勝手なネタ振りをすると、雑談がスムーズに進みません。

- [ ] 唐突にネタを振らない
- [ ] 一旦相手を肯定してから、ネタを振る
- [ ] 相手が上手く答えられなかった時は自分のせいにする
- [ ] ネタを振った時に、どんな反応が返ってくるか予想をしておく
- [ ] 相手の話の意図や内容を確認してから、ネタを振る
- [ ] ネタを振る時は、簡潔でわかりやすい表現で振る
- [ ] 情報を関連づけて、相手が答えやすいようにネタを振る
- [ ] なぜこのネタを振るのかという「理由」を述べてから振る
- [ ] ヒントめいたことを振って、手助けをしてあげる
- [ ] ネタを振る時の態度や表情にも、配慮する

すぐに使えて会話が続く！
「ネタの振り方」マジックフレーズベスト❿

▶ 話題を絞りたい時

❶ ○ その中で一つだけ挙げるとしたら？

展開例 自 沢山イメージが浮かぶと思いますが、その中で一つだけ挙げるとしたら？　相 そうですね……。○○ですかね。

POINT 幅広い分野の話をしていると、流れが定まらず、なかなか話が盛り上がらないことがあります。そんな時は、あえて話題を一つに絞ってみるのも手です。

▶ 次の話題に移りたい時

❷ ○ そこを伺いたかったのです！　では次に、

展開例 相 大切なのは○○かもしれませんね。
自 まさにそこを伺いたかったのです！　さすがです。では次に……

POINT 結論が出た話を続けていると、どんどん場が盛り下がってしまうこともあります。一度結論が出たら、そのチャンスを逃さず、次の話題に展開させましょう。

▶ あらためてネタを振り直したい時

> ○ 私のネタの振り方が
> 悪かったですね ③

展開例 相 ○○ということかもしれませんね。 自 申し訳ない、私のネタの振り方が悪かったですね！ 私が聞きたかったのは……

POINT 相手の回答が要領を得ない場合、ネタの振り方に問題がないかを考えてみましょう。もし、問題があるようなら、無理に話を続けず、あらためてネタを振り直してください。

▶ 相手の専門知識を聞きたい時

> ○ ○○さんならではの
> ご意見を ④

展開例 自 その分野にお詳しい○○さんならではのご意見をお聞かせいただけますでしょうか？ 相 ○○というのは、とてもシンプルで……

POINT 専門知識を持っている相手には、その専門知識ネタを披露してもらうように誘導すると、話が盛り上がります。また、相手に敬意を表する効果もあります。

▶ 追加で話を聞きたい時

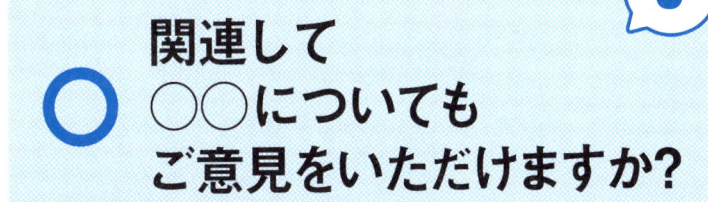

○ 関連して○○についてもご意見をいただけますか?
(5)

展開例 自 ○○というご質問が出たところで、関連して○○についてもご意見をいただけますか? 相 ○○は、とても難しい問題ですが、最近の調査で……

POINT 大人数で話している場合、誰かの質問に合わせて、追加の話を促すこともできます。場の空気や話の流れを見極めて、適切なネタを振りましょう。

▶ 相手のことを知りたい時

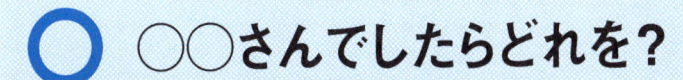

○ ○○さんでしたらどれを?
(6)

展開例 自 その場合は、対策として ABC の 3 つ考えられますが、○○さんでしたらどれを? 相 私なら A ですね。その理由は……

POINT 選択肢を絞ってネタを振ると、相手の考え方が分かります。また、選択肢があると、相手が答えやすくなるので、話を引き出しやすくなる効果もあります。

▶ さらに話を進めたい時

> **7**
>
> ○ ここまで来たら
> とことんやりましょう！

展開例 　[相] あと少しでゴールが見えそうですね。　[自] そうですね。ここまで来たらとことんやりましょう！　このプロジェクトが成功したら次への展開も期待できますね。

POINT 　相手の意気込みや前向きな姿勢を聞いたら、まずはそれをほめてから、話をさらに進めてみましょう。この時、話題を絞ると、話が進みやすくなります。

▶ 話を切り上げたい時

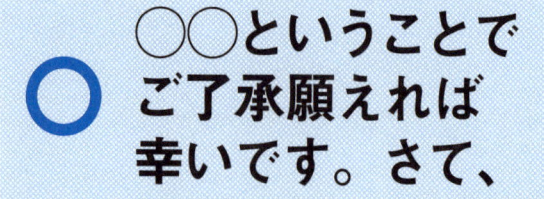

> **8**
>
> ○ ○○ということで
> ご了承願えれば
> 幸いです。さて、

展開例 　[相] でも、それではうまく進まないかもしれませんよね？　[自] ○○ということでご了承願えれば幸いです。さて、そこで次の話題に移りましょう。

POINT 　しつこく質問してきたり、ネガティブな話ばかりする人には、丁寧な言葉で了承をお願いして、次の話題に移りましょう。この時、冷淡な印象にならないように注意してください。

▶ 相手の話を聞きたい時

> ⑨
>
> ○ もし、○○さんが
> ○○だとしたら、

展開例
[自] もし、○○さんが○○だとしたら、どのような行動に出ますか？
[相] 私だったら○○するでしょうね。

POINT 他の人の話やニュースなどの話題を、相手の"自分事"に置き換えて、話を促すフレーズです。自分のことに置き換えることで、より具体的に話しやすくなります。

▶ 掘り下げた話を聞きたい時

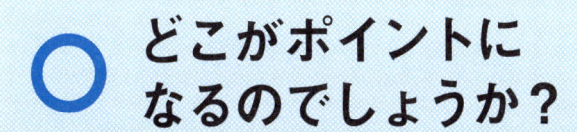

> ⑩
>
> ○ どこがポイントに
> なるのでしょうか？

展開例
[相] 課題は○○ということが考えられますね。 [自] ○○ですか。ということは、どこがポイントになるのでしょうか？ [相] つまりポイントは……

POINT 話の内容を、より具体的な方向に持っていくためのフレーズです。会話中や会議などで内容が抽象的になっている時に使えば、相手との共通認識を深めることができます。

COLUMN 1

雑談トラブル脱出術

「長話を切り上げたい時」

目上の人や大切な取引先の担当者の長話はなかなか切り上げにくいものです。そんな時こそ雑談力が役に立ちます。

NG例

今年の〇〇は〜

そうですね…

Aさん	「そういえばBさんは、〇〇ファンですよね」
Bさん	「よく覚えててくれたね。今年の〇〇は調子がよいからね」
Aさん	「そうなんですか！ やっぱり打線ですかね？」
Bさん	「うん、打線もよいんだけど、私は投手の方がポイントだと思ってて……」

■ 視点を聞き手に持っていく

　長話を止めたい時は、「ここは〇〇さんの"ご専門ですので、話し始めたら止まらない内容"だと思いますが……」と言うことで、少し気持ちを落ち着けることができ、「少し話が長いよ！」ということにも気づかせることができます。複数人で話している時は、「△△さん、お聞きになりたい点はありますか？」と言って、視点を聞き手に持っていくのも有効です。

テクニック 1 　相手の気持ちを落ち着かせる会話例

Aさん　「そういえばBさんは、○○ファンですよね」

Bさん　「よく覚えててくれたね。今年の○○は調子がよいからね。今年は投手がポイントでね……」

Aさん　「ここはBさんのご専門ですので、話し始めたら止まらない内容ですよね」

Bさん　「そうなんだよ。ずっと話していられるね」

Aさん　「それはすごいですね。Cさんはお聞きになりたいことはありますか？」

Cさん　「私は○○のことをあまり知らないもので……」

Bさん　「そうなんですか」

Aさん　「Cさんは××がお好きなんですよね」

Bさん　「へー、それは珍しいですね」

POINT　複数人での会話なら、その場にいる他の人に話を振るのも手です。その話題に詳しそうではない人に話を振ると、話が終わる方向に進む場合が多いので、ぜひ試してみてください。

COLUMN 1

NG例

Aさん	「昨日、すごくおいしいイタリアンを食べてね」
Bさん	「わー、いいなぁ」
Aさん	「この近くだと、フレンチの有名な店があるよね」
Bさん	「そうなんですか？」
Aさん	「そういえば、少し前にフランスに行った時に、すごいことがあってさ……」
Bさん	「フランスに行かれたんですか！」

■ シンプルイズベストの会話を目指す

　いろんな話題に飛んで、話が長くなってしまう相手には、今まで出た話のポイントを抽出して要約し、シンプルイズベストな話へと持っていきましょう。長話する人の特徴は、「あれもこれも同時に言いたくなる」という傾向があります。ある面サービス精神が旺盛なのかもしれませんが、聞き手の立場から考えると、何が言いたいのか印象に残らない話となります。例えると"幕の内弁当"のようなもので、「具は多いが、印象に残らない！」となってしまうのです。したがって、"シンプルイズベスト"を目指して、話の要点を絞り、そこに焦点を当てて話してもらいましょう。

テクニック② 話の焦点を絞る**会話例**

Aさん　「昨日、すごくおいしいイタリアンを食べてね」

Bさん　「わー、いいなぁ」

Aさん　「この近くだと、フレンチの有名な店があるよね」

Bさん　「そうなんですか?」

Aさん　「そういえば、少し前にフランスに行った時に、すごいことがあってさ……」

Bさん　「その前に、昨日行かれたイタリアンのお店について教えていただけますか?」

Aさん　「えっ? 昨日行った店は○○にあって……」

Bさん　「私の自宅の近所ですね!」

Aさん　「そうなんだ。じゃあ場所を教えるよ。ラザニアが絶品なんだよ」

Bさん　「ありがとうございます!」

POINT　少し前の話にさかのぼってもよいので、要点を整理して、その話について聞いてみましょう。質問を無視して話を進める人はあまりいないので、効果的に話をまとめられます。

COLUMN 1

テクニック ③ タイミング良く質問する会話例

■ 話の区切りを逃さない

　話の区切りで、タイミングよく「はい！　ありがとうございました。少し頭を整理して、不明な点が無いようにしたいと思います」と言って、話を区切り、それまでのキーワードを紹介して、内容のポイントだけを確認しましょう。その後、自分から質問したり、複数人の場合は他の人に質問を促すと、話し手ばかりが話し続ける状況が打開できます。きちんと話を聞いて、適切な"区切り"を見つけてください。

Aさん 「新規営業は、本当に難しくて、みなさん困っているみたいですね」

Bさん 「そうなんですか」

Aさん 「だって、そうじゃなかったら、私のところにたくさん相談に来ませんから。Bさんもそうでしょう。新規営業は、○○で、○○なんですよ。だから……」

Bさん **「アドバイスありがとうございます！　少し頭を整理してみます」**

Aさん 「そうですね。一度に全部はできませんからね」

Bさん 「ありがとうございました！」

POINT　相手からアドバイスをもらったり、指摘を受けている場面では、「少し頭を整理してみます」というフレーズが有効です。「持ち帰って考えてみます」と言えば、退席することもできます。

第 2 章

\ 雑談のための準備をしよう！ /

雑談ネタの
つくり方

雑談のためのネタは意外と身近にあるもの。
外見や会話の中から相手との共通点を見つけて
雑談につなげていきましょう。

"雑談ネタ"は共通点から見つけよう！

雑談をうまく進めるポイントは相手との"共通点"。まずは共通点を探して、それを足がかりに雑談を進めていきましょう。

相手を細かく観察して具体的な共通点を探す

　共通の趣味、共通の友人など、相手との共通点を見つけて、それに関連した話をすると、お互いに"自分事"になるので、自然と話が盛り上がります。よく知らない相手と雑談をする時は、まず共通点を探してみてください。「共通点なんて見つけられない……」という方におすすめなのが、相手の外見の特徴をよく見ること。細かい部分までよく見てみると、きれいな靴を履いていたり、見慣れないペンを持っていたりと、雑談の手がかりがたくさん見つかるはずです。その手がかりをもとに、共通点を探してみましょう。そして、外見から共通点を見つけて会話につなげたら、次は、その会話から家族や趣味などの共通点を見つけることもできます。この共通点は、具体的であればあるほど、雑談を盛り上げる力が高まるので、相手のことを細かく観察、分析して、具体的な共通点を見つけましょう。

CHECK!!

》 相手の外見を細かく観察する
外見には、さまざまな手がかりがあるので、服装や持ち物などを細かく観察しましょう。もし、手かがりを見つけられない場合は、その場にあるものを話題にするのも手です。

》 会話の中で手がかりを探す
会話の中にも手がかりがたくさん出てきます。もし共通点が見つからない場合は、季節やニュースなど、誰にでも使える共通点を話題にするとよいでしょう。

》 具体的な共通点を探す
共通点はできるだけ具体的なものを探すようにしてください。具体的な共通点を見つけると、話が盛り上がるだけでなく、相手の記憶にも残りやすくなります。

共通点をうまく使うためには…

共通点に興味を示して、ほめる

外見的な共通点を見つけたら、まずはそこに興味を示して、それからほめましょう。ただし、その人独自の外見的な特徴には触れないようにしたほうが無難です。

コンプレックスも共通点の一つ

人見知りやあがり症などのコンプレックスも共通点になりえます。思い切ってコンプレックスを開示して、それが相手との共通点になれば、一気に心の距離を縮められます。

共通点を具体化していく

「犬が好き」という共通点を見つけたら、次は「どんな犬種が好きですか?」「どんな犬を飼っているんですか?」と、どんどん具体的な話に持ち込んでいきましょう。

実践してみよう！
「外見から得られる」共通点のつくり方

CASE 1　相手の身長が高かった
共通点のヒント　男性、高身長

ご両親も背が高いんですか？

展開例　自 ご両親も背が高いんですか？　相 いえ、家族で私だけ背が高くて。
自 それは珍しいですね。私の友人は家族全員背が高いんですよ。

POINT　身長の高い男性は、身長について聞かれることが多いので、答え慣れています。身長が高いことでのメリットやデメリットなどを聞くのもよいでしょう。

CASE 2　相手が体格のよい男性だった
共通点のヒント　男性、体格がよい

何かスポーツをされていましたか？

展開例　自 すごく体格がよいですね。何かスポーツをされていましたか？
相 小中高と、ずっと野球をやっていたんですよ。　自 そうなんですか！実は私も中学の時にやってたんですよ！

POINT　体格がよい男性には、スポーツの話題を振ってみましょう。自分と同じスポーツをやっていた場合は、とても使いやすい共通点になります。

CASE 3 相手がすごく日焼けしていた
共通点のヒント　男性、日焼け

最近、どこか旅行に行かれましたか？

展開例　自 最近、どこか旅行に行かれましたか？　相 実はお盆休みに家族で沖縄に行ったんですよ。　自 そうですか！それはうらやましいですね！

POINT　明らかに日焼けしている男性には、旅行の話題を振ってみましょう。なお、女性の場合は日焼けを気にしていることもあるので、他の話題にした方が無難です。

CASE 4 相手がスーツを着ていた
共通点のヒント　夏場、スーツ

夏場のスーツはきついですよね

展開例　自 夏場のスーツはきついですよね。　相 クールビズが認められている部署がうらやましくて……。　自 本当にそうですね！

POINT　夏場に相手がスーツを着ている時は、大変さに共感する言葉をかけてみましょう。もし、自分もスーツを着ているなら、苦労話で盛り上がれます。

CASE 5 大きな手帳を持っていた
共通点のヒント 大きな手帳、営業先

スケジュール管理は"手帳派"ですか？

展開例 自 スケジュール管理は"手帳派"ですか？ 相 お恥ずかしながら、アナログ人間なので……。 自 実は私も手帳派なんですよ！ やっぱり直接書く方が間違いないですよね。

POINT 相手の持ち物で目を引く部分があれば、素直にそれを指摘するのもよいでしょう。さらに、そこから一歩進んだ話題を振れれば、より深い話ができます。

CASE 6 女性が金のアクセサリーを着けていた
共通点のヒント 女性、金のアクセサリー

アクセサリーはゴールド派ですか？

展開例 自 素敵なネックレスですね。アクセサリーはゴールド派ですか？ 相 最近はゴールドが多いですね。 自 何か変化があったんですか？

POINT 男女問わず、相手が身に着けている装飾品には、好みが色濃く出ている場合が多いので、話を振ってみると、意外な話が聞けることもあります。

CASE 7 相手がレインブーツを履いていた
共通点のヒント 梅雨時、レインブーツ

今日は雨が降るんですか？

展開例
自 素敵なレインブーツですね。今日って、この後雨になるんですか？
相 夕方頃から雨になるみたいですよ。　自 全然知りませんでした！ 傘を持ってくればよかった。

POINT 梅雨時など、天気が不安定な時期にレインブーツを履いている人に対しては、雨の話題を振ってみましょう。洗濯の話などに展開するのもよいでしょう。

CASE 8 相手の笑顔が素敵だった
共通点のヒント 営業先、笑顔

自然な笑顔のコツってありますか？

展開例
自 ○○さんの笑顔って、すごく素敵ですね。自然な笑顔のコツってありますか？　相 特に意識はしてないんですけど……。　自 持って生まれた笑顔ということですね。うらやましい！

POINT 笑顔も共通の話題になります。素敵な笑顔ができる人は、ビジネスでもプライベートでも人を惹きつけます。もし、笑顔が苦手なら、コツを聞いてみるとよいでしょう。

実践してみよう！
「会話から得られる」共通点のつくり方

CASE 1　季節の話になった
共通点のヒント　季節の変わり目、秋

> 夏もあっという間に
> 終わってしまいましたね。

展開例　自 夏もあっという間に終わってしまいましたね。今年の夏は、何かされましたか？　相 帰省したくらいですかね。　自 ご実家はどちらなんですか？

POINT　季節の話題は、誰にでも使える"共通点"です。初対面の人でも、あまり親密ではない人でも、気軽に季節の話題を投げかけてみましょう。

CASE 2　ニュースの話になった
共通点のヒント　ニュース、男性

> 最近、○○のニュースが
> 増えましたね。

展開例　自 最近、○○のニュースが増えましたね。何か原因があるんでしょうか？　相 ○○のせいかもしれませんね。　自 それは気づきませんでした！

POINT　誰でも知っている大きなニュースは格好の雑談ネタです。ビジネスなら、業界内のニュースを話題にしてみるのもよいでしょう。雑談で意外な情報が得られるかもしれません。

CASE 3 最近の流行の話になった
共通点のヒント 流行、若者

他にはどういうものが流行ってるの？

展開例 相 最近、○○にハマってるんですよ。 自 へー、若い人たちの間では、そういうのが人気なんだね。他にはどういうものが流行ってるの？

POINT 自分が知らない流行の話を振られたら、素直に知らないことを認めましょう。雑談は気軽さが重要。若い人が相手でも「オープンマインド」で、雑談を楽しみましょう。

CASE 4 趣味の話になった
共通点のヒント バーベキュー、女性

簡単でおいしいレシピはありますか？

展開例 相 今週末にまたバーベキューをするんですよ。 自 よくバーベキューをされているんですね。簡単でおいしいレシピがあったら教えていただけますか？

POINT 趣味が共通していればベストですが、そうではない場合は、こだわりを聞いてみましょう。深い話には普遍性があることも多いので、共感できる部分が見つかる場合もあります。

CASE 5 地元の有名な食べ物を聞かれた
共通点のヒント 出身地、名産品

全国区の知名度はないんですが…

展開例
相 ○○出身なんですね。○○だと、どういう名産品がありますか？
自 全国区の知名度はないんですが、今の時期なら○○がすごくおいしいんですよ。

POINT 出身地の名産品を聞かれたら、誰でも知っている有名なものをはずして、地元だからこそ知っているおいしいものを紹介すると、話が盛り上がります。

CASE 6 健康の話になった
共通点のヒント 40代、健康の話題

毎日続けていることはありますか？

展開例
自 この間の健康診断の結果がよくなくて……。○○さんは健康のために、毎日続けていることはありますか？ 相 朝に野菜ジュースを飲むくらいですかね。

POINT 健康ネタは鉄板の共通点です。特に40歳以上なら、何かしらのこだわりを持っている確率が高まります。ただし、持病やアレルギーの話になったら深入りしないように注意。

CASE 7 家族構成の話になった

共通点のヒント 結婚式、兄弟

兄弟は何人
いらっしゃるんですか？

展開例 相 先週末、兄の結婚式に出席したんですよ。　自 それはおめでたいですね。ご兄弟は何人いらっしゃるんですか？

POINT 結婚や出産など、相手の家族のおめでたい話を聞いた時は、家族の話を気軽に聞くチャンスです。"家族"という共通点から話をふくらませていきましょう。

CASE 8 休みの過ごし方を聞いた

共通点のヒント 休日、無趣味

最高で何時間くらい
寝ていたんですか？

展開例 自 休みの日はどう過ごされているんですか。　相 寝てばっかりですよ。　自 そうなんですか。最高で何時間くらい寝たことがありますか？

POINT 休日の過ごし方を聞いて、「寝ている」と答えられてしまっても諦めずに、睡眠時間や快眠方法などを聞いてみましょう。共通点や新しい話題が見つかるかもしれません。

COLUMN 2

雑談トラブル脱出術

「何を言っても リアクションが薄い時」

リアクションが薄い人に対しては、"聞き方"が重要です。上手に質問をして、相手の話を引き出してみましょう。

NG例

○○ですか？　はい……　いいえ……

> Aさん 「Bさんは、この近所にお住まいですか？」
>
> Bさん 「いいえ……」
>
> Aさん 「そうすると、電車でいらしたんですか？」
>
> Bさん 「はい……」

■ 聞き手を意識した質問をする

　反応が薄い相手には、イエス、ノーではなく、具体的に考えて表現できるように質問してみましょう。もともと、話し言葉は、"自分ではわかっていること"を話すので、抽象的、定性的な表現を使います。すると"ひとりよがり"で"一方的"な言い回しになりやすく、聞き手が理解しにくく、短い答えで終わってしまいやすくなるので注意しましょう。

テクニック ① 具体的に考えさせる会話例

Aさん「Bさんはどちらにお住まいなんですか?」

Bさん「埼玉県です」

Aさん「**埼玉県の何市ですか?**」

Bさん「さいたま市です」

Aさん「へー、じゃあ職場までは電車ですか。どれくらいかかるんですか?」

Bさん「40分くらいですかね……?」

Aさん「**通勤時間は何をするとか決めていることはありますか?**」

Bさん「スマホでニュースを見たり、LINEをやったりですね」

Aさん「**へー、僕はまだガラケーなんですよね。もしスマホがなかったら、どうしますか?**」

POINT 回答がイエス、ノーで終わらないように、具体的な質問をするのがポイントです。特に"もし○○だったら"という仮定の質問は、その場で相手が回答を考えるので、話が盛り上がりやすくなります。

COLUMN 2

テクニック ②　不安感を取り除く会話例

■ 相手をサポートする

　リアクションが薄い人の傾向としては、"自信が無い""気弱""マイナス思考""周囲を気にしすぎる"ということがあげられます。まずはこのタイプの人が抱く"不安感"を少しずつでもいいので、解消していく必要があります。目の不自由な人に寄り添って、手を差し伸べて言葉をかけてあげるように、サポートすることが求められます。

Aさん「せっかくダイエットしたのにリバウンドしてしまって……」

Bさん「そういうことってありますね！」

Aさん「分かります？」

Bさん「私も食べるのが大好きなので、よく分かりますよ！」

Aさん「そうなんですよね、ついつい……」

Bさん「食べてしまいますよね！」

POINT　相手の不安感を取り除きたいなら、共感的な言葉を多用して"分かっている"ということを示すのが近道です。違いよりも共通点を大事にして、丁寧に会話をしてください。

テクニック 3　負担感を軽減する会話例

■ 話し下手対策をしっかりと

話が苦手な人にとっては、話すこと自体が"負担"になります。「第一段階の○○の部分から始めましょう！」など、質問、あいづち、ネタ振りの各段階で、相手の"負担感"を軽減するような工夫をしてみましょう。負担感軽減のためには、話を簡略化したり、自分の話をしてから質問したりするのも有効です。

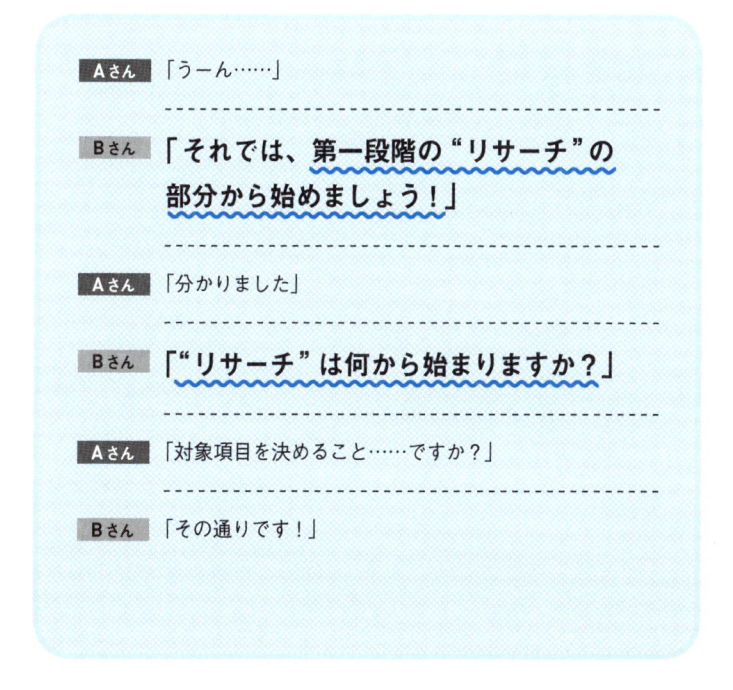

Aさん　「うーん……」

Bさん　「それでは、第一段階の"リサーチ"の部分から始めましょう！」

Aさん　「分かりました」

Bさん　「"リサーチ"は何から始まりますか？」

Aさん　「対象項目を決めること……ですか？」

Bさん　「その通りです！」

POINT　何から話したらよいのか分からない、どう話したらよいのか分からないという相手には、話を始めやすい環境を整えてあげましょう。適宜誘導することも必要です。

COLUMN 2

テクニック 4 自発意思を喚起する**会話例**

■ 押しつけをしない

人は押しつけを嫌います。特にリアクションが薄い人は、トラウマがあったり、不安な気持ちを持っています。ここで大事なのは、"押しつけをしない"ということ。別の言い方をすると、"相手の自発意思を喚起する"ということになります。その方法の一つとして、"相手に選ばせる"というテクニックがあります。

Aさん「○○と△△、Bさんでしたら、どちらをお選びになりますか?」

Bさん「○○ですかねぇ……」

Aさん「えっ! そうなんですか。私は△△ですよ。○○を選んだ理由は?」

Bさん「やっぱり馴染みがあるというか……」

Aさん「いつごろから馴染みがあるんですか?」

Bさん「小学生の頃からなので、結構長いですよ」

POINT 二択の質問をして、どちらかを選ぶには、それなりの理由があります。回答を得たら、その理由を聞いてみましょう。そして、その理由をフックにして、さらに話を広げていきましょう。

★ ZATSUDANRYOKU SAKUTTO NOTE ★

第 3 章

\ これで話しかけられる！ /

雑談ベタの
3大シーンを克服しよう

「初対面」「話が途切れる」「苦手な人と話す」というのは、
雑談ベタの人が苦労しがちな3大シーン。
でも実は、あなたの意識次第で克服できるのです。

意外と簡単!? 雑談ベタの3大シーン克服法！

雑談力が試される3大シーンのコツとテクニックを押さえれば、驚くほどラクに楽しく雑談ができるようになります。

あいさつをして緊張感をほぐす

　初対面や突然の沈黙、苦手な人との話を、どう切り抜ければよいのか分からないという悩みを持っている方は多いと思います。しかし、これは相手も同じです。どの場合でも、まずは目と目を合わせて、「こんにちは」とあいさつをしてみましょう。自然と警戒心や緊張感が取れるはずです。

　それから、相手との共通点を探すために、まずは天気、季節、行事、会話している場所のことなど、誰もが関わりのある身近な話題について質問してみてください。質問は、「相手に対して興味がある」ということを示す行為でもあるので、相手の警戒心を和らげ、連帯感を高める効果があります。質問に対する回答を得たら、感想など「自分の話」を付け加えられるとなおよいでしょう。聞き方や話し方、心構えをほんの少し変えて、3大シーンに対する"苦手意識"を解消してしまいましょう。

CHECK!!

» 目と目を合わせてあいさつをする

雑談のスタートはあいさつから。目と目を合わせてあいさつをすることで、相手の意識をこちらに向けさせることができ、また、お互いの緊張感をほぐす効果もあります。

» 共通点を探して、質問する

苦手な場面でも、雑談の基本は同じ。質問をしながら共通点を探し、話をどんどん掘り下げていきましょう。勇気を持って、気軽に話すのがポイントです。

» 回答に自分の話を付け加える

質問ばかりしていると、自分のことを話す機会を失ってしまいます。自分のことを知ってもらうために、回答に合わせた"自分の話"を入れてみましょう。

苦手意識を持ってしまう3大シーン

初対面を意識しすぎてしまう

初対面で相手のことが分からないことを必要以上に意識してしまうと、何を聞いてよいのか分からなくなってしまいます。誰でも声をかけてもらえば嬉しいものなので、気軽に話しかけてみましょう。

沈黙を迎えると、頭が真っ白に

雑談中に、沈黙を迎えて頭が真っ白になった経験がある方も多いと思います。しかし、沈黙は、雑談をする上で避けては通れません。沈黙を迎えてもあせらず、次の話題を考えたり、回答を待ってみましょう。

苦手意識が悪循環に

苦手な人には、「何を話しても聞いてもらえない」「話しかけるとさらに嫌われる」と先入観を持ちがちです。しかし、話さなければ苦手意識は克服できません。違いよりも共通点に目を向けてみましょう。

雑談ベタが困るシーン その1

「初対面」の時の定番フレーズ ❼

相手の情報が何もない"初対面"は、最も雑談力が必要とされるシチュエーション。初対面の人と雑談する心構えと簡単に使える"最初のひと言"を押さえれば、驚くほどラクに楽しく雑談ができるようになります。

　初対面の時は、共通点の話題から、無理の無いように入っていくのが基本です。例えば、セミナー参加者の場合、「こんにちは。私は櫻井と申します。このセミナー会場は初めていらっしゃったのですか？」のように、"その場所"を共通点と考えて、気軽に話しかけてください。このように初対面では、無難なところから入り、相手が答えやすいことを聞くのが重要です。当たり前のことを聞くのは意味がないと考えている方もいますが、それは間違いです。いきなり分からないことを質問すると、唐突な印象を与えてしまい、相手が身構えてしまう可能性もあります。初対面では、むしろ当たり前のこと、みんなが分かっていることをあえて聞いてください。

　そして、次の段階として、分からないことを質問してみましょう。この"小さな積み重ね"の中で、新しい共通点を探していけば、雑談がどんどん盛り上がっていきます。

▶ 初対面の第一声

⓵ ○ こんにちは。私、○○と申します。

展開例　自 こんにちは。私、○○と申します。
　　　　　相 こんにちは。私は○○と申します。よろしくお願いします。

POINT　初対面では、まず自己紹介をすることで相手も名乗りやすくなります。最初に名乗らないと、自己紹介をする機会を逸してしまうので、気を付けましょう。

▶ 相手のことがまったく分からない時

◯ 今日は真夏のような天気ですね！ ②

展開例 自 今日は真夏のような天気ですね！ 相 そうですね。どうやら今週いっぱい真夏日が続くらしいですよ。 自 そうなんですか！

POINT 初対面では、相手も分かっていることをあえて聞く"社交的質問"をすると、返事をもらいやすくなります。ほかの季節では「春のように暖かい」「真冬のような寒さ」「季節が逆もどりしたよう」なども有効です。

▶ 初めての場所で

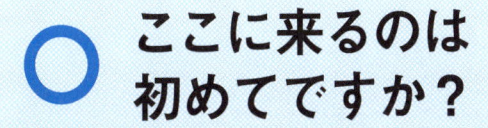

◯ ここに来るのは初めてですか？ ③

展開例 自 ここに来るのは初めてですか？ 相 私は2回目なんですよ。分からないことがあったら聞いてくださいね。 自 ありがとうございます！

POINT 初めての場所で、初めての人と会った時は、"その場所"を共通点にして、話を進めましょう。もし相手がその場所に詳しければ、素直に知識を借りるのもよいでしょう。

▶ 話を掘り下げたい時

4

○ ここを知った
きっかけは？

展開例　自 ここを知ったきっかけは？　相 友人の○○さんに勧められたんですよ。　自 ○○さんなら、私も知っていますよ！

POINT　同じ場所にいるということは、同じようなきっかけでその場所にたどり着いた可能性があります。別のきっかけだった場合は、そこを掘り下げてみましょう。

▶ プロジェクトチームに知らない人がいた

5

○ どのような
お仕事ですか？

展開例　自 私は○○を担当しているのですが、どのようなお仕事ですか？　相 私は○○担当です。　自 それなら今後ご一緒することが多そうですね！

POINT　大きなプロジェクトに参加すると、初対面の人がたくさんいる場合もあります。そんな時は共通点である"仕事"の話をしてみるとよいでしょう。

▶ 出張の多そうな方に

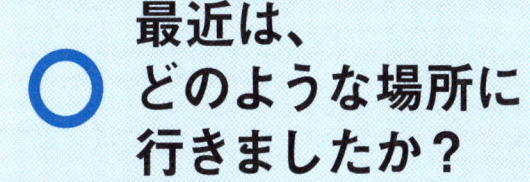

6

○ 最近は、どのような場所に行きましたか？

展開例 自 最近は、どのような場所に行きましたか？ 相 先週、北海道に行きましたよ。 自 今時分はいい気候でしょうね！

POINT 移動が多い仕事なら、共通点である"移動"の話で盛り上がりましょう。出張先の担当や移動手段、現地の状況やおいしい食べ物などの情報を交換できます。

▶ 会議が終わった後

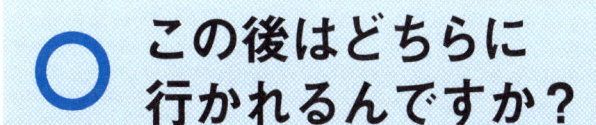

7

○ この後はどちらに行かれるんですか？

展開例 自 この後はどちらに行かれるんですか？ 相 会社に戻ろうと思っています。 自 それは大変ですね。がんばってください！

POINT 同じ会議に参加しただけの関係でも"解散"を手がかりに雑談ができます。予想外の反応が返ってきても、テンポよくあいづちを打てるように準備しておきましょう。

雑談ベタが困るシーン その2

「話が途切れる」時の定番フレーズ 7

話がどんなに盛り上がっていても、話すネタが尽きたり、話題が錯綜したりすると、ふいに沈黙が訪れることもあります。「聞く＝待つこと」でもあるので、突然相手が沈黙してもあわてる必要はありません。

会話中の"沈黙"は、日本に限らず、世界中で「怖い」と認識しているようです。フランスでは、話が途切れてほんの少し沈黙した時に、「あっ！今、天使が飛んだわね！」と言って、場を持たせるそうです。しかし、日本人の場合は、沈黙の時間が3～5秒くらいでも長く感じる方が多いといわれています。相手が気の弱い部下である場合、「沈黙＝考えている」というケースもよくあります。この場合、上司がせっかちで短気な性格なら、おそらく2～3秒の沈黙で「黙っていたらわからないだろう！　一体どう思っているんだ！」と一方的に怒鳴ってしまうこともあるでしょう。

"人の話を聞く"ということは"待つこと"です。ほんの少し心の余裕を持って、沈黙を考える時間や相手の回答を待つ時間と考えて、有効活用してみてください。また、複数人いるような時は、待つことで、いろいろな話題を投げかけることもできます。

▶ **話を聞いてもらっていて、沈黙した時**

◯ どこまで話しましたか？ ①

展開例　自 話が途切れてしまったのですが、どこまで話しましたか？　相 ◯◯というところまでです。　自 あー、そこですね。

POINT　相手が沈黙した時は、それまでの話について聞いてみるのも手です。その回答に合わせて、話を再開できるので、自然な流れを演出できます。

▶ 話すネタが尽きて沈黙を迎えた時

○ 話題を変えて○○について話しましょうか！ ②

展開例　自 それでは、ここで話題を変えて○○について話しましょうか！
　　　　　相 それは面白そうですね！

POINT　話すネタが尽きて沈黙を迎えた場合、そのネタを引っ張る方法もありますが、話題をがらりと変えるのもよいでしょう。

▶ 話に行き詰まった時

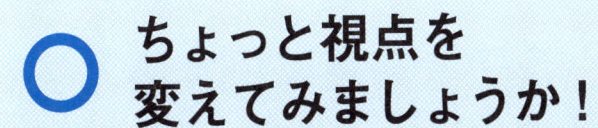

○ ちょっと視点を変えてみましょうか！ ③

展開例　相 これはどういうことですかね……？　自 これは難しい問題を含んでいますね！　ちょっと視点を変えてみましょうか！

POINT　難しい問題にぶつかった時は、「難しい」と認めた上で、視点を変えることを提案してみましょう。この時、どのような視点を設定するのかを決めることも重要です。

▶ 考え込んでしまった時

> **4**
> ◯ みなさんが
> この立場だったら
> どうします？

展開例
[自] 先ほど◯◯という意見が出ましたが、この立場だったらどうします？
[相] 私だったら◯◯から始めます。

POINT 相手が考え込んでしまったら、少し前の意見を持ち出して、"自分事"として考えることを提案するのもおすすめです。

▶ 抽象的な話ばかりで沈黙した時

> **5**
> ◯ 身近なことに例えると？

展開例
[自] う〜ん……。それは身近なことに例えると、どういうことですか？
[相] そうですね、◯◯に近いかもしれません。

POINT 抽象的な話が続くと、話の芯が定まらず、いつの間にか沈黙を迎えてしまうことも。そんな時は、身近なことに例えて、話題を具体化してみましょう。

▶ **堂々巡りになった時**

⑥ では、逆に考えてみましょうか！

展開例
相 また同じ結論になってしまいましたね……。
自 そうですね。では、逆に考えてみましょうか！

POINT 話が堂々巡りになって、沈黙を迎えた時は、理由と結論、原因と結果などを逆転させて考えることを提案してみましょう。

▶ **話が多岐にわたりすぎた時**

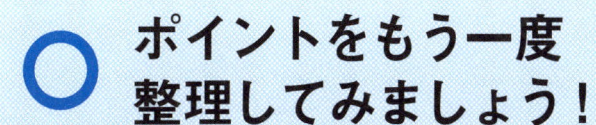

⑦ ポイントをもう一度整理してみましょう！

展開例
自 ここまでの話のポイントをもう一度整理してみましょう！
相 そうですね！　最初の○○のポイントは、○○ですよね。

POINT いろいろな話が同時に進んでから沈黙を迎えた時は、話のポイントを整理してみると、自然な流れで沈黙を突破できます。他にも、「確認して」「まとめて」「洗い出して」なども使えます。

雑談ベタが困るシーン その3

「苦手な人と話す」時の定番フレーズ 7

> ビジネスでもプライベートでも"苦手な人"とどうしても話さなくてはいけない機会があります。しかし、そんな時も話を避けることなく、雑談を活用して、ピンチをラクに乗り切りましょう。

"苦手"と感じているのは、実は"自分自身"です。したがって、自分の見方や感じ方を変えれば、苦手意識も変わるはずです。しかし、現実は、自分の考えや見方はそう簡単に変わりません。相手を変えようとするのではなく"自分を変える"というといかにも大変そうに感じるかもしれません。ならば、「話し方と聞き方」にしぼればいかがでしょうか？ 負担感が和らぐのではないでしょうか？ 話し方と聞き方を変えると、最初は少し違和感があるかもしれませんが、すぐに慣れてしまうので、ぜひ試してみてください。

また、苦手な人と話すと、"違い"にばかり目を奪われがちですが、実は苦手な人ほど共通点が多いことがよくあります。しかし、一度レッテルを貼ってしまうと、そのレッテル通りにしか見えなくなるので、共通点が見えなくなってしまいます。できる限り、真っ白な状態で、レッテルを取り払って、接するようにしてみましょう。

▶ **自慢話を聞かされた**

◯ すごいですね！ ①

展開例
相 先週も、部署内で売り上げトップだったんだよね。
自 すごいですね！ 私も◯◯さんを見習ってがんばります！

POINT 苦手な相手を肯定、称賛することで、相手をよい気分にさせると同時に、自分自身にも、相手がすごい人だと思わせて、苦手意識を取り除く効果があります。

▶ 意外な考え方を聞いた時

② なぜそう考えるようになったの？

展開例 相 ○○って、○○だからね。
自 私には思いつかなかったけど、なぜそう考えるようになったの？

POINT 相手の考えに興味を示すことで、親近感をわかせる効果があります。また、相手の考え方を知ることもできます。

▶ 相手のやり方を聞いた時

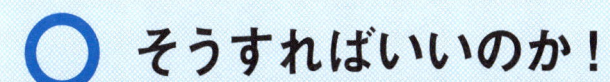

③ そうすればいいのか！

展開例 相 この手の問題なら○○すれば解決するんじゃないかな。 自 なるほど、そうすればいいのか！ いつもそのやり方で進めていますか？
相 だいたいこれでうまくいくからね。

POINT 相手の考えややり方に共感を示し、肯定するフレーズです。相手の考え方を自分の中に取り入れていくことで、自分と相手との共通点を意識できるようになります。

▶ 相手の意見を聞いた時

◯ 私には
思いつかなかったけど、 ④

展開例　相 ○○って、○○だよね。　自 私には思いつかなかったけど、それはよい考えですね。

POINT　相手の意見や感想を聞いた時は、自分では考えもつかなかったということを表現しましょう。相手を尊重していることが伝われば、雑談もスムーズに進みます。

▶ 苦手な人と二人っきりに

◯ 前から聞きたかった
のですが…… ⑤

展開例　自 前から聞きたかったのですが、○○部長とどんな話をしているのですか？　相 やっぱりゴルフの話が多いかな。あの部長毎週のように回っているからね。

POINT　二人きりになった時は、逆にチャンスです。普段聞けないことを思い切って聞いてみると、意外な共通点が見つかるかもしれません。ひとつの雑談がきっかけでその後の関係が変わることもあるのです。

▶ 苦手な人との共通点を探りたい ①

> 私、最近○○始めたんだけど、興味ある？ **6**

展開例
自 私、最近○○始めたんだけど、興味あります？
相 実は、私も○○をやってるんですよ。奇遇ですね！

POINT 気軽に趣味の話を振ってみると、意外な共通点が見つかることもあります。もし相手が興味を示さなくても、諦めずに粘り強くコミュニケーションをとりましょう。

▶ 苦手な人との共通点を探りたい ②

> 休日はどう過ごしているの？ **7**

展開例
自 休日はどう過ごしているの？　相 ジムに行ったり、犬の散歩をしたり、ですかね。　自 犬が好きなんですね！

POINT 休日の過ごし方を聞くことでイメージが変わる場合もあります。仕事上の付き合いなら、オンとオフでまったく違う顔を持っている人もいるので、気軽に聞いてみましょう。

COLUMN 3

雑談トラブル脱出術

「話すネタが尽きた時」

話すネタが尽きた時は、話を終わらせるか、新しいネタを見つけて続けるかの2種類の方法があります。

NG例

「そうですね〜…」

Aさん	「そうですね……」
Bさん	「でも、何というかあれですよね……」
Aさん	「確かにそうですね……」
Bさん	「さっきの話に戻りますが、○○はどうなんですかね？」

■ 話をまとめて切り上げる

　話すネタが尽きたのに、無理に話そうとすると、場の空気がどんどん盛り下がっていきます。そんな時は無理をせず、話を一区切りさせて、切り上げるのも手です。雑談はテンポが重要なので、一つの話題をコンパクトに話して、テンポ良く次の話題に移っていくことを意識すると、一つの話題をネタが尽きるまで話すことが少なくなります。

テクニック ① 一区切りさせる会話例

Aさん　「そうですよね……」

Bさん　「ということは、○○は△△ということですね！」

Aさん　「そういうことになりますね」

Bさん　**「いろいろな話題が次々と出て とても楽しかったですね！」**

Aさん　「はい！」

Bさん　**「もうそろそろ、ネタも尽きたという感じですので、ここらあたりで、中締めと行きましょうか！」**

Aさん　「そうですね、それがよいかもしれませんね。長く話したので少し疲れてしまいました」

Bさん　「では、少し休憩しましょう！」

POINT　話のネタが尽きたら、一度結論をまとめて、話を中断するのもアリです。中断する前に「大丈夫ですか？　何か言い残したことはありませんか？」と確認するのもよいでしょう。

COLUMN 3

NG例

今の車見ました？
あれですよ！

ヘ？

ウォー

Aさん	「〇〇という感じですかね……」
Bさん	「そうですね……」
Aさん	「あっ！ 今珍しい車が通りましたね！」
Bさん	「どこですか？」
Aさん	「もう行ってしまいました……」
Bさん	「そうですか……」

■ その場にあるものをネタにする

　雑談のネタは身近なところにもたくさんあります。2章で述べたように相手の外見や会話、その場にあるものの中から共通点を見つけて、それを新しい話題にしてみましょう。自分だけが分かっているもの、見えているものなどは、相手との"共通点"ではないので、新しいネタに不向きです。あくまで、自分と相手に共通のものを話題にしてください。普段から身近なものや景色に興味を持って、観察しておくと、観察力、分析力が養われます。興味を雑談に活かしましょう。

テクニック ② その場で共通点を見つける**会話例**

Aさん　「今月の新商品については以上です」

Bさん　「じゃあ今日の会議はここまでということで……」

Aさん　「そうですね。おつかれさまでした。」

Bさん　「ところで、
この机って新しくなりましたよね」

Aさん　「あれ？　本当ですね」

Bさん　「いつからだろう？」

Aさん　「前回は新しくなってなかったから……」

Bさん　「前の会議はちょうど1週間前だから、この1週間くらいで変わったということですね」

Aさん　「へー、意外と気づかないものですね！　Bさんに言われるまで気づきませんでしたよ」

POINT　いつも使っているものや目にしているものの変化は、身近な話題なので、すぐに盛り上がれます。普段から変化を見逃さないように注意しておくとよいでしょう。

COLUMN 3

テクニック ③ 次回に期待を持たせて終わる**会話例**

■ 次へのお楽しみをつくる

　話が盛り上がりすぎてネタ切れを起こした時は、その盛り上がりの印象を残したまま話を終わらせるのも手です。一度盛り上がると"もう一度"と考えがちですが、そこで食い下がるとどんどん盛り下がってしまうことも。無理をせず"次回のお楽しみ"として、よい印象のまま雑談を終わった方が、よい関係性が継続できます。

Aさん「本当に面白いですよね」

Bさん「話としては、**かなり全力疾走で走ってきましたよね**」

Aさん「そうですね！」

Bさん「**あとは、次のお楽しみということにしませんか？**」

Aさん「うーん……、そうですね、話したりないような気もしますが」

Bさん「ぜひ次回また聞かせてください！」

POINT　話がとても盛り上がって、楽しかったことを伝えてから、話を終えることを切り出しましょう。相手が残念そうにしたら、それは話が楽しかったということです。

第 **4** 章

＼ 仕事がスムーズに進む！／
ビジネスで使える雑談フレーズ

取引先の社長と二人きり……、
社内であまり接点のない人と……、
そんな場面で使えるフレーズを紹介します。

FOR BUSINESS
SCENE 1

取引関係、社内関係など、
雑談ができると、
ビジネスがスムーズに進みます。

初対面の人に

ココがPOINT

- あいさつは"先手必勝"を心がけて、できるだけ自分から先にあいさつをしましょう。
- 天気や季節の話題など、誰でも分かっていることを聞く"社交的質問"をしましょう。
- 話す時、聞く時は、相手との会話に合わせて豊かな表情でコミュニケーションしましょう。
- 相手が話し始めたら、うなずいてあいづち言葉を入れて、聞き役に回りましょう。
- 相手が話している時に、自分の話を挟んで、腰を折らないように注意しましょう。

NG例

A： 昨日、すごく面白いもの見たんですよ。最近すごいハマっているネットの動画なんですけどね……

B： へー、そうなんですね……。私はテレビドラマをよく見るんですが、主演の○○がかっこよくて……

POINT 自分が話すことばかりで頭が一杯になると、相手の話に反応できなくなります。打てば響くような反応を忘れないように注意しましょう。

▶ 取引先で初めて会う人に

✘ 靴が好きなんですよ。

⭕ 素敵な靴を履かれてますね。

展開例 自 素敵な靴を履かれてますね。 相 そうですか、ありがとうございます。 自 実は私も靴が大好きなんですよ。

POINT まず相手をほめてから、自分の「好き」「嫌い」を言うと、「心を開いている」「相手の話を聞く気持ちがある」という意志を伝えることができます。

▶ 取引先で初めて会う人に

✘ あまり暑いと気分が悪くなりますよね。

⭕ 実は、暑さに弱いんですよ。

展開例 自 実は、暑さに弱いんですよ。だから、この時期は大変で…。 相 いやー、本当に暑いですよね。私は逆にクーラーのほうが苦手でしてね。

POINT 「強い」「弱い」の話で、自分の性格を伝えながら、相手の意見を求めることができるので、会話が続きやすくなります。

▶ 大人数の飲み会で

✘ 知らない人とはあまり話したくないんです。

⭕ 実は、人見知りなんですよ。

展開例 自 実は、人見知りなんですよ。だから、新しい人と仲よくなるのに時間がかかってしまって…。 相 そうなんですね。私もどちらかというと人見知りですよ。

POINT 「私の話」として、自分のコンプレックスを素直に語ることで、自己開示をしながら、相手との距離を縮められます。

▶ 初めて会った同世代の人に

✖ 同い年ですよね！？

〇 私たちぐらいの年齢だと〇〇が流行ってましたよね。

展開例 自 私たちぐらいの年齢だと〇〇が流行ってましたよね。相 そうですよね！あの頃はみんな持ってましたね。

POINT 同じ世代の人とは、学生の頃などに流行ったものをネタにしてみましょう。共通点があまりなければ、相手がハマっていたものについて聞くのもよいでしょう。

▶ 社内であまり面識のない人に

✖ あれ、どの部署でしたっけ？

〇 今日、〇〇線の電車止まってるらしいですよ。

展開例 自 今日、〇〇線の電車止まってるらしいですよ。相 だからみんな遅れてるんですね。自 〇〇さんは何線を使ってるんですか？

POINT この場合あまり深い話は禁物。電車という誰もが使っているものを話題にして、気軽に雑談をしましょう。

▶ 取引先の新しい担当者に

✖ 〇〇をお使いなんですね。

〇 タブレットは、便利そうですね。

展開例 自 タブレットは、やっぱり便利そうですね。相 もうこれなしじゃ仕事ができません。自 私も欲しいんですけど、どれを買えばいいですかね？

POINT 初対面で、相手の好みや性格が分からない時は、その場で目に入った物を話題にするとよいでしょう。相手の反応に合わせて、話を展開させていきましょう。

▶ 取引先で初めて会う人に

✖ 私は○○さんと仲がいいんですよ。

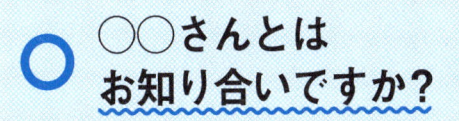

⭕ ○○さんとはお知り合いですか？

展開例 自 営業部の○○さんとはお知り合いですか？ 相 昔はよく飲みに行ったりしましたよ。 自 ○○さんは昔、どういう感じだったんですか？

POINT いきなり自分のことを話したり、相手のことを聞くのではなく、共通の知人のことを話してみると、相手の警戒心がやわらぎます。

▶ 取引先で初めて会う人に

✖ 何でもそつなくこなせます。

⭕ ついつい大食いしてしまいます。

展開例 自 疲れが溜まってくると、ついつい大食いしてしまうんですよ。 相 私は疲れると、お酒のほうに手が伸びてしまいます。

POINT 自分のありのままの情報を開示すると、きっと相手も心を開いてくれます。あえて少し恥ずかしいことを開示するのがポイントです。

▶ 取引先で応接室に案内されるまで

✖ 御社に伺うのは2回目なんです。

⭕ あの花は何という種類ですか？

展開例 自 すごくきれいなお花ですね。 相 いつも私が手入れしています。 自 あれは何という種類ですか？

POINT 受付から応接室まで案内してくれる人に対しては、深い話は禁物。道中で目に入った"どうでもいいこと"を気軽に話してみましょう。

▶ 社内の同好会で初めて会う人に

✖ よく○○しそうに見えますよ。

⭕ よく旅行に行くほうですか？

展開例 自 海外のことにお詳しそうですが、よく旅行に行くほうですか？ 相 年に4,5回は行きますね。 自 最近だとどちらに？

POINT 複数人で会話をしている時は、相手の話をよく聞いておいて、その人に合った質問をすると、盛り上がる可能性が高まります。

▶ 社内の同好会で初めて会う人に

✖ ○○の話はしたくないです。

⭕ すぐに靴擦れができて困ってしまいます。

展開例 自 山歩きをすると、すぐに靴擦れができて困ってしまいます。○○さんはそういうことありませんか？ 相 あります。普段と違う場所に靴が当たるんですよね。

POINT 共通の趣味の中で、自分が困っていることを話すと、共感を得やすく、解決策や対処法などの話で、会話が続きやすくなります。

▶ 新しく同僚になる人に

✖ このビル、古いですよね。

⭕ 来週からビルの内装工事ですね。

展開例 自 来週からビルの内装工事ですね。○日はエレベーターも止まるらしいですよ。 相 そうなんですね。全然知りませんでした。

POINT 同じオフィスビル内で新しく一緒に働くことになった同僚には、明確な共通点である"同じビルの話"をしてみるのもよいでしょう。

▶ 取引先で初めて会う人に

✖ まだ8月なんですね。

⭕ 8月もあと少しですね。

展開例 自 8月もあと少しですね。今年は海に行けなかったので、残念です。 相 海なんてもう何年も行ってないなぁ。 自 最後は、いつごろ行かれたんですか？

POINT 季節や月、行事など、すべての人に関わりがある話題に、自分事を付け加えてみましょう。さりげなく、自分の好みや趣味を伝えることができます。

▶ 取引先のパーティーで

✖ 話す人がいないんですよ。

⭕ 居場所がなくて困りますね。

展開例 自 居場所がなくて困りますね。 相 実は私もそうなんですよ。 自 今日はどちらからいらっしゃったんですか？

POINT 苦手な場所に行ったら、素直に苦手であることを言うのも手です。弱みが共通点になると、通常よりも強い結びつきが生まれます。

居場所がなくて…

▶ 初めて会った同世代の人に

✖ 家事が大変で……

⭕ 一人暮らしなので、外食ばかりです。

展開例 自 私は一人暮らしなので、外食ばかりです。○○さんは、普段の食事はどうされてますか？ 相 私は自炊派ですよ。 自 すごいですね。面倒じゃないですか？

POINT 自分のプライベートな話を伝えてから、相手に質問します。先に自分の情報をオープンにするので、相手も話しやすくなります。

▶ 付き合いの長い取引先で初めて会う人に

✖ 今年から新しく働き始めたんですか？

⭕ 入社されて、どれくらいですか？

展開例 自 ○○さんとお会いするのは初めてですね。 相 はい、よろしくお願いします。 自 ○○さんは、B社に入社されてどれくらいですか？

POINT 付き合いの長い取引先で初めての人に会った時は、相手の勤続年数が分かると、共通の話題を見つけやすくなります。

▶ 社内で初めて会う若い社員に

✖ 昔は○○だったからね。

⭕ 今はメールよりもLINEで連絡を取り合うの？

展開例 自 今はメールよりもLINEで連絡を取り合うらしいね。 相 そのほうがラクなんですよ。 自 LINEを使ったことがないんだけど、メールとはどう違うの？

POINT 反応が薄い若者に接する時は、相手から聞き出すスタンスで、軽い質問をしてみるとよいでしょう。濃い交わりを求めすぎず、薄い交わりを意識して。

▶ 新入社員の女性に

✖ ○○さんのことを詳しく知りたいんだ。

◯ あまり詳しくは聞かないけど、

展開例 相 昨日は友達と遊んで、すごく疲れました。 自 あまり詳しくは聞かないけど、普段はどこで遊ぶことが多いの?

POINT 初対面の女性社員と話す時は、相手が「セクハラだ」と感じるボーダーラインが分からないので、予防線を張っておくと安心です。

▶ 初対面の人にほめられた

✖ そんなことありません。

◯ そう言われると自信になります。

展開例 相 ○○さん、今日はすごくよかったですよ。 自 ありがとうございます。自分でも気を付けていたので、そう言われると自信になります。

POINT ほめ言葉は、あなたへの好意の表れなので、謙遜しすぎず、素直に受け取りましょう。嬉しさと感謝を素直に表現することを心がけて。

▶ 初めての会議で

✖ ○○は有名ですよね。

◯ ○○のことはご存じでしたか?

展開例 自 新商品に使われている○○のことはご存じでしたか? 相 少し前に聞いていたので、知っていましたよ。 自 私は今回初めて知って、びっくりしました。

POINT 初対面の人が多い会議の場では、"初めての共通体験"を話題にするとよいでしょう。自分の感動を素直に伝えれば、相手も心を開いてくれるはずです。

▶ 社内で初めて会う女性社員に

✖ 普段、どういうとこに行くの？

◯ 新しくできたレストランには行ってみましたか？

展開例 自 1階に新しくできたレストランには行ってみましたか？ 相 まだ行ったことがないんですよ。 自 野菜が新鮮なんで、サラダがおすすめですよ。

POINT 女性には、食べ物の話をしてみましょう。会社の近くのお店やレストランは、共通点になるので、話が盛り上がる可能性があります。

▶ 仕事先で初めて会った人との帰り道

✖ では、失礼します。

◯ お帰りはどちらまでですか？

展開例 自 お帰りはどちらまでですか？ 相 ○○までです。 自 ○○なら私と同じ方向ですね。それなら○○で乗り換えですよね。

POINT 帰る方向が同じということは、共通の話題が見つかる可能性が高いということ。深く入り込みすぎない程度に話題を振ってみましょう。

▶ 初めての商談後のランチで

✖ 食べたことない味ですね。

◯ 言われてみれば、○○が効いてるんですね！

展開例 自 この料理スパイシーですね。 相 スパイスを10種類も使っているらしいですよ。 自 言われてみれば、スパイスが効いてるんですね！

POINT 相手の言葉をオウム返しするだけでも雑談になります。その時にいいリアクションをすることで、相手からよりたくさんの話題が出てくることも期待できます。

▶ 他社の営業マンとエレベーター前で

✖ 遅いなぁ。

○ ウチのエレベーター、すごく遅いんですよ。

展開例 自 実はウチのエレベーター、すごく遅いんですよ。 相 そうなんですか？ 古いタイプなんですかね？ 自 御社のエレベーターはどうですか？

POINT エレベーター待ちのイライラを話のネタに変えるのも手です。他にも自動ドアや閉館時間など、社内で普段から感じているストレスは自虐ネタになります。

▶ ランチで会った上司の知人に

✖ ○○は、昔はすごかったですか？

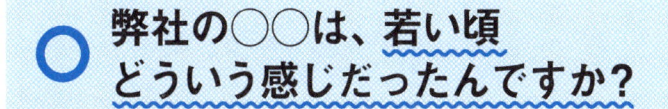

○ 弊社の○○は、若い頃どういう感じだったんですか？

展開例 自 ○○の部下の△△と申します。 相 ああ、○○さんの。 自 弊社の○○は、若い頃どういう感じだったんですか？

POINT 上司という共通点について、話を広げてみましょう。後日、上司に「□□さんと会いました」と話せば、上司との話も盛り上がるので、一石二鳥です。

▶ 交流会で会ったベテラン女性社員に

✖ いつも仕事ばかりで ……。

○ 何がいいと思いますか？

展開例 自 今、ちょっと気になる子がいて ……。 相 へー、それはよいことですね。 自 その子にプレゼントをしたいんですけど、何がいいと思いますか？

POINT "お姉様"との会話では、恋愛話が鉄板。特に若い男の子の恋の悩みは、相談にも乗ってもらいやすいので、積極的に活用しましょう。

FOR BUSINESS
SCENE 2

雑談中に沈黙を迎えても
あせらずに
次の展開を考えましょう。

沈黙を突破したい時

ココがPOINT

- 話し合いの目的が明確な場合は、目的が何なのかを確認して話を戻しましょう。
- 「今の話で思い出したのだけど！」と言って、他の話へと展開しましょう。
- 「では、ここでガラッと話題を変えましょうか！」と直接空気を変えてみてもよいでしょう。
- 今までの展開について、その場にいる人に質問しながら簡単に振り返ってみましょう。
- 「ここで少し考えてみましょう！」と沈黙を全員で考える時間に変えるのも手です。

NG例

A: 新商品の件だけど、君の言う通り、機能面だけを考えればＡにしたいんだけどな……。

B: でもコスト面から見ると難しいよな……。どうしたらいいんだろうな……。（答えが見えない展開から抜け出せない）

POINT 沈黙自体をネガティブにとらえて、マイナスな表現をすると、さらに雰囲気が悪くなるので注意。

▶ 会議後、二人になった時に

✖ 疲れましたね。

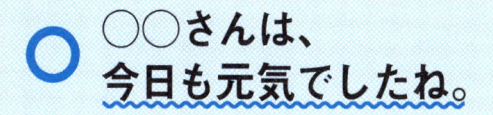

⭕ ○○さんは、今日も元気でしたね。

展開例 自 ○○さんは、今日も元気でしたね。 相 いつも元気ですよね。 自 どうしていつも元気でいられるんでしょうね？

POINT 緊張感のある会議の後は、ホッと一息ついて、沈黙しがちです。そんな時は、会議のことを振り返って、仕事とは関係のない話をしてみるとよいでしょう。

▶ 他部署の先輩と会った

✖ 月曜日ですね……。

⭕ 月曜日は、いつも憂鬱で……。

展開例 自 月曜日は、いつも憂鬱な気分になってしまいますよね。 相 すごく分かるよ。どうもやる気が出てこないというか……。

POINT 自分の感情を開示することで、相手の気持ちを刺激します。多少暗い話でも、笑顔でグチれば、雑談のネタになります。

▶ 取引先で休憩中に

✖ ○○したいタイプなんです。

⭕ リラックス法なにかありますか？

展開例 自 自分なりのリラックス法なにかありますか？ 相 温かいお茶を飲むことですかね。 自 私は足ピタシートを貼るとホッとしますよ

POINT 相手が共感や同調を示したら、「○○さんは、どんな○○が好きですか？」と、その話題を深掘りしてみましょう。

▶ 社内で残業中に

✖ 無駄なことを話すのは好きではありません。

〇 独り言を言ってしまいます。

展開例 自 夜遅くまで仕事をしていると、ついつい独り言が多くなってしまうんですよ。 相 (笑)。そういうタイプには見えないですけど、そうなんですね。

POINT 自分のクセを開示すると、新しく入った同僚など、同じ職場で働く人たちに安心感を与えられるだけでなく、親密さを深めることができます。

▶ 不幸な出来事に遭った同僚に

✖ すごくつらそうだね。

〇 それは、僕も他人事じゃないな。

展開例 自 大変だったね。 相 今は結構治まったけど、入院当初はすごく大変だったんだよ。 自 それは僕も他人事と思っていられないね。

POINT 不幸な出来事に遭った人に対しては、なかなか掛ける言葉が見つからないもの。そんな時は、心配よりも共感を示すと相手の気持ちを和らげることができます。

▶ 交通渋滞に巻き込まれた時に

✖ 何でこんな大事な時に渋滞なんですかね？

〇 参りましたね。最近、渋滞が多いですね。

展開例 自 いやぁ参りましたね。最近、渋滞が多いですよね。 相 そうですね。何でですかね？ 自 時期的なものでしょうか？

POINT トラブルに巻き込まれて会話がなくなった時は、そのトラブルを足がかりにして会話をしてみましょう。イライラも解消されるので一石二鳥です。

▶ プレゼン後の休憩で

✖ もっとうまくできればよかったんですが……。

◯ ○○さんのプレゼン、すごかったですね！

展開例 自 ○○さんのプレゼン、すごかったですね！ 相 ありがとうございます。自 いつもどうやって練習しているんですか？

POINT 他社や他部署の人のよい点を見つけたら、素直にほめて、コツを聞いてみてください。今後の仕事に役立つテクニックを学ぶチャンスです。

▶ うまくいかなかった商談の帰り道、上司との会話が重い……

✖ 全然ダメでしたね……

◯ 次は○○を○○したいですね。

展開例 自 次はターゲットを明確にしたいですね。相 そうだな。今回はとくにしぼらないで考えてしまっていたからな。自 これからはそこに気を付けて営業してみます。

POINT うまくいかなかったとしても、何か発見があるはずです。前向きな意識を上司にアピールするという意味でも、ポジティブな言葉を心がけましょう。

▶ 上司と会議室で二人に

✖ 僕は○○しようと思っています。

◯ ○○さんは、お正月休みはどうされるんですか？

展開例 自 ○○さんは、お正月休みはどうされるんですか？ 相 正月は休めそうだから、海外でも行きたいなと思ってね。

POINT 沈黙を突破したい時は、一般的な話題を相手に振ってみるのも手です。"会話すること"を意識して、気軽に話題を提供してみましょう。

▶ 社内の休憩室で

✖ 読書しますね。

⭕ テレビをつけてもいいですか？

展開例 自 テレビをつけてもいいですか？ 相 どうぞ。 自 今出てる○○って、女性からの人気が高いんですよね。○○さんは○○のこと、お好きですか？

POINT テレビは話題の宝庫です。ビジネス中にテレビを見る機会は少ないかもしれませんが、もし見られる状況なら、有効に活用しましょう。

▶ 喫煙所で

✖ タバコ、やめようかなぁ。

⭕ 肩身が狭いですよね。

展開例 自 タバコを吸える場所もどんどん少なくなって、肩身が狭いですよね。 相 本当にそうですね。 自 ○○さんは1日にどれくらい吸うんですか？

POINT 喫煙所で沈黙していると、気詰まりなものです。そんな時は"少数派"という仲間意識をうまく利用して、話につなげてみましょう。

▶ 上司と二人で新幹線に乗った時

✖ 仕事で遠くに行けるなんて嬉しいですよね。

⭕ 以前から相談したかったのですが、

展開例 自 以前から相談したかったのですが、今のうちに学んでおいたほうがよいことはありますか？ 相 会計の知識はあったほうがよいかもね。

POINT 寡黙な上司と二人っきりになったら、今の仕事についての相談を持ちかけてみましょう。仕事に役立つアドバイスをもらえるかもしれません。

▶ 取引先の人とタクシーに乗った時

✘ タクシーつかまえられてよかったですね。

○ お疲れでしたら、どうぞお休みになってください。

展開例 〔自〕あと○分程度で到着しますので、もしお疲れでしたら、どうぞお休みになってください。 〔相〕実はすごく疲れてて……。助かります。

POINT 相手が疲れている時は、無理に話さず、一声掛けて、沈黙が苦にならない空気に変えるのもよいでしょう。常に盛り上げるばかりが"雑談"ではありません。

▶ 女性社員に

✘ 最近、○○、流行ってるよね。

○ 昨日、今話題の○○に行きましたよ。

展開例 〔自〕昨日、今話題のショッピングモールに行きましたよ。〔相〕どうでした？
〔自〕すごく混んでたんですけど、楽しかったですよ。

POINT 女性は流行に敏感なので、流行り物の話が有効な場合もあります。映画、本、レストランなど、流行のものを知っておきましょう。

▶ 上司と昼食中に

✗ ○○、最高ですよね。

◯ 最近、○○を始めたんですが、

展開例 自 最近、○○を始めたんですけど、部長はご興味おありですか？ 相 昔はやってたけど……。 自 そうですか！ では今度、コツを教えてください！

POINT 自分が体験したことは、話にリアリティが出るので、相手の興味を引きやすくなります。まず、その話に興味があるかを聞いてから、体験談をしましょう。

▶ 同僚に

✗ 雨は、嫌だなぁ。

◯ 午後から○○みたいですね。

展開例 自 午後から雨みたいですね。 相 あっ、傘持ってきてない。 自 置き傘があるので貸しましょうか？

POINT いつも会っている同僚には、深い話ではなく、天気や社内のことなど、その日のことを気軽に話しかけましょう。

▶ 取引先で

✗ ○○さんってあれだよね。

◯ ○○さんは、○○そうに見えますが……。

展開例 自 ○○さんは、机がきれいそうに見えますが……。 相 よく言われるんですけど、全然そんなことないんですよ。 自 失礼しました！ てっきりそうかと。

POINT よく知らない間柄でも、相手の印象を素直に伝えると話が盛り上がり、また相互理解が進みます。ただし、ネガティブな印象は言わないようにしましょう。

▶ 以前に訪問した営業先で

✖ 前に聞いたんで、いいですよね。

〇 以前、うかがいましたが、〇〇さんは〇〇でしたよね？

展開例 自 以前、うかがいましたが、〇〇さんはゴルフされるんでしたよね。 相 よく覚えていらっしゃいますね。そうですよ。

POINT 沈黙したら、以前聞いたことがあることを再度聞いてみるのもよいでしょう。二度目なので、相手も答えやすくなります。

▶ 普段と違う服装の人に

✖ いつもと違って変だね。

〇 いつもと服装が違いますが、今日は何かあるんですか？

展開例 自 いつもと服装が違いますが、今日は何かあるんですか？ 相 実は、大事なプレゼンがあるんですよ。 自 それは大変ですね。がんばってください！

POINT 相手のことをよく観察してみると、沈黙を突破する鍵が見つかることも。服装の違いを指摘すると、相手のことをよく見ているというアピールにもなります。

▶ ランチミーティングのお店で

✖ ここの料理飽きちゃったんだよね……。

〇 あの方は店長でしょうか？

展開例 自 あの方は店長でしょうか？ 相 どうですかね……？ この店の中では一番動きがいいですよね。 自 いつもテキパキしてるし、きっとそうですよ。

POINT ランチの席では、店内のことを話してみるのもお勧めです。この時、イエス、ノーで答えられる質問ではなく、相手が考えられる質問をするとよいでしょう。

▶ 同僚に

✖ ○○できる？

⭕ ○○は得意ですか？

展開例 自 ○○さんは、整理整頓は得意ですか？ 相 あんまり得意ではないですね。
自 そうなんですか！ 実は私もです。

POINT 話に困ったら、身近なことについて、得意か不得意かを聞いてみましょう。相手の回答がどちらでも自分と比べられるので、話を続けられます。

▶ 取引先の人に後日、会った時

✖ ○○でしたよね。

⭕ 先日の○○は大丈夫でしたか？

展開例 自 先日の納品モレは大丈夫でしたか？ 相 よく覚えてましたね。あのあとすぐ持っていって、なんとか大丈夫でしたよ。

POINT 取引先の人とトラブルなどに巻き込まれた時は、後日、大丈夫だったかを確認してみましょう。相手を気遣っている気持ちが伝えられます。

▶ 取引先で

✖ 動物っていいよね。

⭕ うちには○○が1匹いるんですよ。

展開例 自 うちには犬が1匹いるんですよ。 相 そうなんですか。私も実家では飼ってるんですけどね。 自 ご実家はどちらですか？

POINT 沈黙したら、当たり障りのないペットの話をするのもよいでしょう。好き、嫌い、犬、猫など、展開先が豊富にあります。

▶ 会議で結論がなかなか出ない時

✖ うーん、思いつかないなぁ……

○ まずは○○だけ考えてみましょうか！

展開例 自 まずはクライアントの希望だけ考えてみましょうか！ 相 そうですね。それなら、男性をメインターゲットに考えるべきですよね。自 確かにそうですね。だったら……

POINT 「まずは」という言葉で相手やみんなの負担感を減らすフレーズです。なかなか前に進まない議論でも、このフレーズを使えば少しずつ前進していくはずです。

▶ 久しぶりに会った同僚に

✖ あの仕事のことなんだけど、

○ 最近、仕事以外で楽しいことありました？

展開例 自 最近、仕事以外で楽しいことありました？ 相 ずっと仕事ばかりで何にもないですよ。自 僕も同じなんですよ。仲間ですね！

POINT 仕事が忙しそうな同僚にも、気軽に声をかけるのが基本です。ずっと黙って仕事をしていたら、息抜きの意味も込めて、軽い話題を振ってみましょう。

▶ 取引先の担当者以外の人に

✖ ○○さんにお世話になっております。

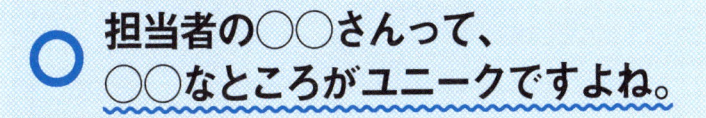

○ 担当者の○○さんって、○○なところがユニークですよね。

展開例 自 ○○さんって、使う言葉のチョイスがユニークですよね。 相 そうですね。社内でもみんなそう言ってます。自 やっぱりそうなんですね！

POINT 取引先で担当者以外と居合わせた時は共通点である、その担当者の話題を振ってみましょう。意外な情報を手に入れることができる可能性もあります。

FOR BUSINESS
SCENE 3

苦手な話やネガティブな話も
転換フレーズを使えば
簡単に切り替えられます

話題や流れを変えたい時

ココがPOINT

- 唐突に切り出すのではなく、直前の話題にきちんと乗ってから、他の話題に変えましょう。
- 「いい話題だから！」と取り上げ、具体的なケースを話し合ってみましょう。
- 「逆の立場から考えてみましょうか？」と逆転、対極的な見方をして、話を変えましょう。
- 周囲を巻き込みながら、いかにも全員の意見といった感じで、話題を変えるのもよいでしょう。
- 聞き手に質問して、聞き手を話し手にすると、適度な緊張感を与え、流れや雰囲気を変えられます。

NG例

A: この前社内で問題になっていた件、その後どうなったんだっけ？ なにか進捗聞いてる？

B: まぁ、大丈夫じゃないですか？ それより今日の課長の話聞きましたか？ 奥さんとケンカしちゃったらしいですね。大変ですよねぇ。

POINT 話題を変えることばかりに気を取られると、相手の話をまるで無視するかのような展開になってしまうので注意してください。

▶ 会議中に

✖ その件は、なかなか進まなくて……。

◯ そういえば、その後、例の件はいかがですか？

展開例 自 そういえば、その後、例の件はいかがですか？　相 あまり進展はないんですよね。自 例の件の問題点ってどこでしたっけ？

POINT 会議中に話が進まない時は、以前話したことのある案件に話を変えてしまうのも手です。この時、まったく関係のない案件を出さないように注意して。

▶ 会議の後に

✖ 言いにくいんだけど、

◯ ここだけの話ですけど、例の件は、どうお考えですか？

展開例 自 ここだけの話、先ほどの件、本当のところ、どのようにお考えですか？　相 うーん、ちょっと難しいかなとは思いますね。

POINT 会議が終わった後に、相手の本音を聞きたい時に使えるフレーズです。自分の本音を先に言うとさらによくなります。

▶ 自分の得意な分野に持ち込みたい時

✖ ○○って面白いですよね。

◯ ○○と言えば、昨日のテレビ番組で面白い企画をやってましたよ。

展開例 自 ○○と言えば、昨日のテレビ番組で面白い企画をやってましたよ。　相 どういう企画ですか？

POINT 自分の得意な話に持ち込みたい時は、テレビで見たと言って、その話題に持ち込むのも手です。有名な番組のことをネタにしたほうが引きが強くなります。

▶ 面白い話を聞いた後に

✖ それに負けない話があります。

⭕ 面白い話はできないのですが、

展開例 自 面白い話はできないのですが、先日、妻と九州に旅行に行きまして。 相 九州のどのあたりに？

POINT 他の人の面白い話を聞いた時は、「面白い話はできない」と断りを入れると流れが落ち着きます。雑談は面白い話をしなくてもよいので、気軽に話しましょう。

▶ 相手の自虐ネタを断ち切りたい時

✖ ○○さんはそういうとこあるよね。

⭕ いえ、そんなことないですよ。

展開例 相 私は何をやってもダメだから……。 自 いえ、そんなことないですよ。○○さんの説明はいつもわかりやすくて、スッと頭に入ってきますよ！

POINT 相手の自虐ネタが止まらない時は、否定し続けるのがポイント。相手が諦めるまで、根気よく否定をしましょう。

▶ 質問攻めに遭った時

✖ それは、○○ですね。

⭕ ○○さんはどうされるんですか？

展開例 相 お子さんはどちらの学校ですか？ 自 ○○なんです。○○さん、お子さんは？ 相 うちは○○だよ。近所だし、評判もよかったからね。

POINT 質問ばかりされて困った時は、逆に質問をすると、質問を止められます。興味がなくても、身近なことを聞いてみましょう。

▶ プライベートについてしつこく聞かれた時

✖ プライベートの質問は困ります。

〇 まだ考え中です。

展開例 相 ○○さんから聞いたけど、引っ越すんだって？　どこに引っ越すの？
自 まだ考え中なんです。

POINT プライベートのことを聞かれて困った時は、「考え中」と答えて切り抜けましょう。しつこく聞かれた場合も、同じ答えを続ければOKです。

▶ 政治など避けたい話題になりそうな時

✖ 政治は苦手です。

〇 世の中いろいろありますよね。

展開例 相 政治が悪いから、困ってる人が多いんだよね。 自 世の中いろいろありますよね。

POINT 政治や宗教など、雑談に不向きな話題になった時は、当たり障りのない返答をして、その場を切り抜けましょう。

▶ 見慣れない物を身につけている人に

✖ その○○、変だよ。

〇 その○○は、最近買った物ですか？

展開例 自 そのスカーフ、最近買ったの？　相 そうなんですよ。 自 すごく似合っていて素敵ですね。

POINT 相手の身につけている物を利用して、話題を変えるのも有効です。服装や装飾品などにポジティブな感想を言ってみましょう。

▶ 相手の話を終わらせたい時

✘ そろそろ帰りますね。

⭕ 今、メールで連絡が来たのですが、

展開例 相 ○○さんは本当に面白いね。 自 あ、申し訳ありません。今、メールで連絡が来まして、すぐに会社に戻らなければいけなくなりました。

POINT 相手の話が終わる気配がなく、しかも、相手が目上やクライアントの場合は、メール連絡をネタにして、その場から離れる方法もあります。

▶ 上司からの結婚の勧めをやめさせたい時

✘ まだ結婚は考えていません。

⭕ こればっかりはご縁ですから。

展開例 相 ○○さん、そろそろ結婚しなよ。 自 こればっかりは縁ですから。

POINT しつこく結婚を勧めてくる人には、言葉をにごして、その場を切り抜けましょう。きっぱりと断ると、関係が悪化する可能性もあるので注意してください。

▶ 話題を切り替えたい時

✘ 昨日の話をしていい?

⭕ そういえば昨日、面白いことがあってね……。

展開例 相 それで、結局ダメになっちゃったんだけどね。 自 それは残念だったね。そういえば昨日、面白いことがあってね……。

POINT 強引に話を変えたい時は、関連していなくても「そういえば」と言って、話を変えてしまいましょう。雑談ではそこまで論理性は求められません。

▶ ネガティブな話を止めたい時

✘ 今まで一番つらかったのは？

⭕ ○○の一番の楽しみは？

展開例 相 嫌な仕事ばっかりで、人手も足りないしね。 自 そうなんだ。○○さんにとって仕事の一番の楽しみは？

POINT ネガティブな話をやめさせたい場合は、思い切って楽しみを聞いてみるのも効果的です。相手が楽しいところを考えるので、雰囲気が変わりやすくなります。

▶ 相手の話が長く続いた時

✘ それはよかったですね。

⭕ ○○なんですね。私は……。

展開例 相 うまくまとまったからよかったよ。 自 最終的にはうまくいったということですね。私は、最近よいことがたくさんありましたよ。

POINT 相手の話を止めて自分の話に持って行きたい時は、一度相手の話をまとめてから、自分の話をするとスムーズに移行できます。

▶ 外が見える場所で話題を変えたい時

✖ **外でも見てみましょうよ。**

◯ **あれ？ あんなところに新しいビルができましたね。**

展開例 相 ○○って、本当に嫌なやつだよね。 自 そうだなあ……。あれ？ あんなところに新しいビルができましたね。

POINT 外が見える場所で話題を変えたい時に使えるのが景色です。お互いの視界に入る物を指摘すると、簡単に話が変えられます。

▶ トラブルなどで気まずい関係になった相手に

✖ **私がやると迷惑でしょうから。**

◯ **リストにまとめましょうか？**

展開例 相 うーん……、これは大変だなぁ。 自 もしよろしければ、私がリストにまとめましょうか。

POINT 気まずい関係になった相手には、なかなか話しかけづらいものですが、話しかけずにいると悪循環になります。手伝いを申し入れて関係を改善しましょう。

▶ 仕事の愚痴を聞かされている時

✖ **愚痴はやめようよ。**

◯ **よくがんばっていますね。**

展開例 相 部長が私にばっかり仕事を回すんですよ……。 自 よくがんばっていますね。そこまでやれるのは○○さんだからこそですね。

POINT 仕事の愚痴をやめさせたい時は、相手に共感を示して、そのがんばりをほめましょう。ほめ続けると愚痴が止まりやすくなります。

▶ 誰かに対して怒っている相手に

✘ まあまあ、怒らずに。

○ それはひどいですね。

展開例 相 ちょっと聞いてくださいよ！ ○○さんにアポイントをすっぽかされてね……。 自 それはひどいですね。

POINT 怒っている相手をなだめるには、優しく共感を示すのがおすすめです。あくまで冷静に、落ち着いた口調で言葉をかけましょう。

▶ 子どもの自慢話を止めたい時

✘ ○○ちゃんはすごいですね。

○ ウチの子にも習わせてみようかな。

展開例 相 ウチの○○ちゃん、ピアノのコンクールで金賞を取ったんですよ。 自 そうですか！ ウチの子にも習わせてみようかな。

POINT 子供の自慢話をやめさせたい場合は、「自分の子供だったら」という話を入れて、話を変えるのもよいでしょう。

▶ なかなか会議が始まらない時

✘ 会議始めませんか？

○ ここの会議室、何時まででしたっけ？

展開例 相 ちょっと前の出張で、かわいい子がいてさ……。 自 あれ、そういえばここの会議室、何時まで借りてるんでしたっけ？

POINT 仕事とは関係のない話が盛り上がって、なかなか会議が始まらない時は、会議に関係する話題を振ってみましょう。

▶ 仕事以外の話で盛り上がりすぎた時

✖ あ、仕事のこと忘れてた。

〇 そろそろ本題に入らせていただきます。

展開例 相 ○○って映画、見た？ 自 まだ見てないんですよ……。あ！ そういえばこの後予定がおありなんですよね。そろそろ本題に入らせていただきます。

POINT 仕事の話を始めたい時は、「本題」という言葉を使うのもよいでしょう。緊張感をあおる言葉なので、相手の気持ちを仕事モードに切り替えられます。

▶ 前回の失敗をひきずっている人に

✖ 前の失敗があるから気を付けて。

〇 今回は大丈夫だよ。

展開例 相 あー、緊張するなぁ。前みたいなことにならなきゃいいけど、 自 今回は大丈夫だよ。

POINT 前回の失敗を引きずっている人には、気軽に声をかけて、緊張をほぐしてあげましょう。なるべく明るい声で、元気に言うのがポイントです。

▶ 自分のことをほめられ続けた時

✖ そうですか？ 嬉しいなぁ。

〇 私の力だけではありません。

展開例 相 本当に君はすごいよね。 自 私の力だけではありません。みなさんの助けがあって実現できた結果です。

POINT ほめられたら素直に喜ぶのが基本ですが、あまりにもしつこくほめられた時は、自分以外の人の功績を示してみましょう。

▶ 以前聞いた話と同じ話が始まった時

✖ 前に聞きましたよ。

○ その話、すごく面白いですよね。

展開例 相 そういえば、先月、京都に行った時に湯豆腐を食べたんだけどね。 自 その話、すごく面白いですよね。友達にも話してしまいました。

POINT 前に聞いた話をまた聞かされそうになった時は、「面白いですよね!」と前に聞いたことを伝えるとよいでしょう。

▶ 商談がまとまらなかった時

✖ 残念だなぁ。

○ 次回こそはぜひお願いしますね!

展開例 相 ちょっと今回は難しいですね。 自 分かりました。次回こそはぜひお願いしますね! そういえば来月、更新の機会がありましたよね。

POINT 商談がまとまらなかった時は、いつまでもその話をせず、次回の話に切り替えましょう。できるだけ具体的な話ができるとよいでしょう。

▶ 提案を断らざるを得ない時

✖ ちょっと無理です。

○ 個人的にはすごく興味があるのですが、

展開例 相 今度、ミーティングに参加していただけませんか? 自 個人的にはすごく興味があるのですが、別の予定が入っておりまして……。

POINT ビジネス上の提案を断る時は、個人的には興味があることを伝えるのも手です。ただ断るよりも、関係性に悪い影響を与えにくくなります。

FOR BUSINESS
SCENE 4

苦手な人への対処を身につけて
ビジネスも人間関係も
よりスムーズにしましょう

苦手な人に

! ココがPOINT

- 相手の意見や考え方を尋ねることで、自分から相手に歩み寄る姿勢を示しましょう。
- 人によって聞かれたくないこともあります。質問は、相手の反応を確認しながら少しずつ。
- 相手の言葉をよく聞き、あいづちを丁寧にすれば、よりいっそう、誠意が伝わります。
- 話す量は相手7：自分3くらい。会話の主導権を相手に委ねることで、相手を立てます。
- 自分のことを伝える場合、意見や価値観を押し付けていると誤解されないよう注意しましょう。

NG例

A: 休日は家族サービスですか	B: ええ。
A: どちらにお出かけですか？	B: いえ、出かけませんけど。
A: えっ、もったいないですね。	B: うちはインドア派なんです。

POINT 「はい」「いいえ」以外の返事を待たずに、自分の価値観だけで質問を重ねると、相手は不快になるので気をつけましょう。

▶ 若手社員とうちとけたい

✖ 若い者の考えていることはわからんよ。

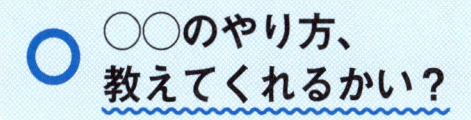

⭕ ○○のやり方、教えてくれるかい？

展開例 自 最近流行っているって聞いたんだけど、SNSのやり方、教えてくれるかい？
相 もちろんです。SNSっていろいろあるんですが、どれがいいですか？

POINT 若者事情を「教えてもらう」スタンスで話しかけてみましょう。若い世代を理解したい気持ちが伝われば、次第に向こうからも心を開いてくれるでしょう。

▶ 年下の女子社員。セクハラと言われないか心配

✖ 休みの日は何をしているの。

⭕ 嫌なら答えなくていいんだけど、

展開例 自 嫌なら答えなくていいんだけど、休みの日は何をしているの。 相 嫌じゃないですよ。最近ガーデニングにはまって、ベランダでバラを育てています。

POINT 同じ話題でも、セクハラと感じるかどうかは人それぞれです。「嫌なら答えなくていい」と前置きすることで、相手に答えを強要していないことを伝えましょう。

▶ 責任感のない新人。言い訳グセをなんとかしたい

✖ 言い訳ばかりするな！

⭕ 最善策はなんだろう？

展開例 自 今回のミスだけど、再発を防ぐ最善策は何だろう？ 相 確認モレがないように、二重チェックするのがいいと思います。 自 じゃあ次から頼むよ。

POINT 起こってしまった失敗を責めるのではなく、どうしてミスが起こったか、どうしたら防げるかを考えさせることで、自分の役割を認識させる問いかけです。

▶ 消極的な部下。会議で自分の意見を言わない

✖ 何か意見はないか。

⭕ 自由に話してみよう。

展開例 自 何でもいいから、思いついたことを自由に話してみよう。しかし暑いね。こう暑いと、いっそ社内では裸足で過ごしたいよ。 相 涼しそうですね。私なら……

POINT 「中身のある意見を言わなくては」という緊張を解き、まずは部下をリラックスさせてあげましょう。率先してくだらないアイデアを話すのもいいでしょう。

▶ 成績の悪い部下を励ましたい

✖ どうしてできないんだ？

⭕ ○○がよかったよ。

展開例 自 先日のプレゼン、資料が分かりやすくてよかったよ。 相 本当ですか！？ 自 もちろん。あとはもう少しスムーズに話せるようになるといいね。

POINT できていない部分より、できている部分をほめましょう。自分を肯定してもらえると自信がつきますし、そのあとでなら欠点も素直に受け入れられます。

▶ 世代の違う上司と話題が合わない……

✖ え〜っと……（沈黙）

⭕ どんな○○が人気だったんですか？

展開例 自 部長の世代だと、どんな歌手が人気だったんですか？ 相 そうだなぁ。歌手なら○○とか、○○が人気だったな。 自 へぇ。部長はどちら派でしたか？

POINT 誰だって自分に興味を持ってもらえると嬉しいものです。自分達とは違う年上世代について尋ねれば、きっと喜んで話してくれるでしょう。

▶ 無口な先輩。アドバイスしてほしいが

✖ 何かアドバイスしてください。

⭕ 先輩だったらどうされますか？

展開例 自 僕はこのプランがいいと思ったのですが、先輩だったらどうされますか？
相 これもいいけど、○○のパターンも用意するよ。 自 参考になります。

POINT 漠然とした内容に対してはアドバイスしにくいもの。相手が具体的に考えやすいよう、ある程度自分で形にしたうえでアドバイスを求めてみましょう。

▶「最近の若いものは……」と説教ばかりの上司

✖ はぁ、すみません。

⭕ 部長が若い頃は……

展開例 相 最近の若いものはすぐ諦めてしまう。 自 覚えておきます。ところで、部長が若い頃はどんな感じだったんですか？ 相 俺か？ そりゃあもちろん……

POINT 話の矛先を、自分から相手に向ける方法です。ポイントは、「若かりし部長の活躍ぶりを伺いたい」という気持ちが伝わるよう、楽しげな口調で聞くことです。

▶「オレが若い頃は……」上司の武勇伝は聞き飽きた

✖ へぇー。そうですか。

⭕ さすがですね！

展開例 相 俺が若い頃は1日で10件も契約を取ったものだよ。 自 いやぁ○○部長、さすがですね！ 相 まあな。それも急成長の会社ばかり。同期では……

POINT 自慢話が好きな人は自分からどんどん話してくれます。ですから、気の利いたことを言わずとも、適度にあいづちを打つだけで十分です。

▶ いつもの上司の子ども自慢に対して

✖ はぁ、そうですか。

⭕ お子さんに甘いですか？

展開例 相 うちの子がテストでいい点とってさ……　自 すごいですね。ところで、部長はお子さんに甘いほうですか？　相 つい甘やかして妻に怒られているよ。

POINT 子どもの情報をいくら話されてもつまらない場合には、子どもへの接し方を尋ねてみましょう。上司の意外な一面が分かって、親しみが増すかもしれません。

▶ 何かとほめてくれる上司に対して、照れくさくてそっけない態度に

✖ そんなことありません。

⭕ そう言っていただけるとがんばれます。

展開例 相 君は字がきれいだね。きっと仕事も丁寧なんだろう。自 そんなこと……。でも、そう言っていただけるとがんばれます。相 期待しているよ。

POINT 素直に「ありがとうございます」と伝えるのが一番ですが、つい謙遜してしまった場合は、そのあとで、別の言葉で嬉しい気持ちを表現してみましょう。

▶ 気難しい担当者に、面倒なお願いをしなくてはいけない

✖ 誠に恐縮ですが……

⭕ ○○さんしか頼れる方がいなくて……

展開例 自 本当に申し訳ありません。○○さんしか頼れる方がいなくて……　相 そう言われると断り辛いなぁ。今回だけだよ。自 ありがとうございます！

POINT たいていの人は、頼りにされると嬉しいものです。「他でもないあなただからお願いしている」と伝えることで、相手に気持ちよく引き受けてもらいましょう。

▶ 職場に女性は1人だけ。周囲と話が合わない

✖ 興味ないんで。

◯ 教えてもらえますか？

展開例 自 サッカーって、よく分からないんですけど楽しそうですね。教えてもらえますか？ 相 もちろん。サッカーはチームプレーが大切で……

POINT 自分には理解できない話題こそ、距離を縮めるチャンスです。周囲が盛り上がっているところへ「教えてください」と飛び込めば、喜んで教えてくれるでしょう。

▶ 女性だらけの職場で肩身が狭い

✖ 話についていけないな。

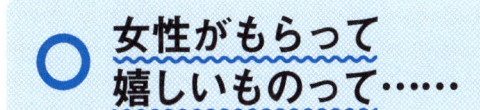

◯ 女性がもらって嬉しいものって……

展開例 自 もうすぐ彼女の誕生日なのですが、女性がもらって嬉しいものって何ですか？ 相 優しいんだね。たとえば……

POINT 思い切って、女性の感情や興味を尋ねてみましょう。女性にモテる方法やケンカした彼女と仲直りする方法など、よいアドバイスがもらえるかもしれません。

教えてもらえますか？　もちろん！

▶ できたばかりの営業所に、無口な同僚と毎日2人
✖ 最近どうですか？

〇 僕、〇〇に目がなくて、

展開例 自 僕、甘いものに目がなくて、昨日もケーキを2つ食べたんですよ。 相 えっ、2つもですか？ 自 ええ。どうしても我慢できなくて。

POINT 無口な人には、いっそのこそ、最初から返事を求めない会話をしましょう。相手も気楽ですし、それが2人ならではの会話のリズムになることもあるでしょう。

▶ 覇気がない新人。仕事もミスばかりで教えがいがない
✖ どうしてできないんだ。

〇 できない理由は何かな？

展開例 自 今朝までに資料を用意するように頼んでいたんだけど、できていない理由は何かあるのかな。 相 実は〇〇のデータが間に合わなくて……

POINT 「どうして」と問われると、責められている気がして萎縮してしまう人が多いようです。一緒に解決策を見つけるつもりで、理由を尋ねるようにしましょう。

▶ 同僚と意見が対立。ギスギスした空気が辛い
✖ 君の意見は理解できないよ。

〇 君がそう考える理由は何だい？

展開例 自 このプロジェクトで、君がそう考える理由は何だい？ 相 データを分析するとこういう結果が得られたんだ。 自 なるほど。では……

POINT 誰だって自分の考えを聞いてもらえると満足します。まず相手の言い分を最後まで聞き、それから自分の言い分を話せば、冷静に話し合いができますよ。

▶ おしゃべり好きの女子社員に注意したい

✖ ちょっと私語が多いよ。

⭕ 終わったら聞かせてね。

展開例 自 楽しそうだね。その仕事が終わったら僕にも聞かせてくれるかな。
相 あっ、はい。すみません。

POINT 優先順位をそれとなく伝える言い方です。同時に、相手の会話には興味があると伝えることで、おしゃべり自体を否定しないのがポイントです。

▶ 時間が限られた同僚を助けたい

✖ できないならかして！

⭕ これはやっておくね。

展開例 自 忙しそうだね。今日は少し余裕があるから、これはやっておくね。 相 ありがとう、助かるよ。 自 困ったときはお互いさまです。

POINT 必要以上に恐縮する必要はないですが、普段助けてもらっている分、自分が手助けできる時には積極的に声をかけて、日々の感謝を伝えましょう。

▶ 取引先の営業トークが長い。そろそろ切り上げたいが……

✖ すみません、そろそろ……

⭕ あっ、もうこんな時間だ！

展開例 自 あっ、もうこんな時間だ！ すみませんが、次の予定があるので失礼します。
相 あっ、これは失礼したね。ではまた。

POINT 会話が楽しくてうっかり時間を忘れていた、というニュアンスで伝えましょう。「続きは次回に聞かせてください」とひと言添えるとより好印象を残せます。

▶ 得意先のセクハラトーク。機嫌を損ねずかわしたい

✖ それ、セクハラですよ。

⭕ だといいんですけどね。

展開例 相 明日からの連休、彼氏と旅行でも行くの？ 自 だといいんですけどね。
相 行かないの？彼氏、浮気してるんじゃない？ 自 かもしれませんね。

POINT けして感情的にならず、否定も肯定もせず、相手の言葉を淡々とオウム返しにしましょう。そのうち相手も話しがいがなくなって大人しくなるでしょう。

▶ 取りつく島のない担当者と打ち解けるには？

✖ 今日はいいお天気ですね。

⭕ ◯◯変えたんですね。

展開例 自 あれ、携帯電話変えたんですね。 相 ええ。 自 いいなぁ。僕もそろそろ変えたいんですよ。それ、使いやすいですか？ 相 まあまあですよ。

POINT 相手をよく観察し、ささいな変化も話題にしましょう。相手に対して関心を持っていることが伝われば、たとえ会話が少なくても、次第に打ち解けられるでしょう。

▶ いつも厳しい口調のベテラン社員に

✖ あっ、おはようございます。

⭕ おはようございます。これ、いつものお礼です。

展開例 自 おはようございます。これ、いつものお礼です。近所で評判のケーキ屋のクッキーです。 相 あら、ありがとう。甘いもの好きなのよ。 自 それはよかった。

POINT 厳しい指導は愛のムチと捉えて、日頃の感謝をちょっとしたプレゼントと一緒に伝えましょう。その際、自分の情報を少しプラスして、人間性を伝えてもいいでしょう。

▶ 親子ほど年の離れた目上の方に。何を話せばいい？

✖ よろしくお願いします。

⭕ 私の母(父)が……

展開例 自 そういえば私の母が旅行好きで。先日一緒に温泉に行ってきたんです。 相 あら、私も温泉が好きなのよ。どちらに行かれたの？ 自 箱根です。

POINT いっそ親子のような会話を楽しんでみましょう。当人同士には共通点がなくとも、互いの親や子どもとの共通点が見つかれば、それを話題にしてみましょう。

▶ 接待の場を和やかにしたい

✖ 相変わらずすごいですね！

⭕ ○○さんが言ってましたよ。

展開例 自 うちの部長も、○○さんになら安心して仕事をお願いできると言っていました。 相 ○○部長が？ それは嬉しいなぁ。じゃあがんばらせてもらうよ。

POINT 直接ほめると嫌味やお世辞として受け取られる危険がある場合は、第3者からの発言として伝えるとスマートで、ほめられたほうも気持ちよく受け取れます。

▶ 仕事以外の話題が苦手。営業先とよい関係を築きたいが……

✖ いつもお世話になっております。

⭕ 先日○○とうかがいましたが……

展開例 自 先日お子さんが風邪ぎみだとうかがいましたが、その後いかがですか？ 相 あら、よく覚えてますね。ええ、おかげさまですっかりよくなりました。

POINT 相手が以前話していた内容について尋ねましょう。それだけで、相手に興味を持ち、いつも気にかけていることが伝わって、よい関係が築けます。

FOR BUSINESS
SCENE 5

ちょっとした空き時間の
気軽な会話は、仕事を
スムーズに進める潤滑油に

ちょっと間を埋めたい時

ココが POINT

- 短い時間で会話が終わるもの、または、途中で終わっても困らない話題を選びましょう。
- 話題は、その場にあるもの、目についたもので OK。役に立つ会話をしようなどと気負わなくても大丈夫。
- コーヒー派か紅茶派か、など、意見が正反対であっても今後の関係性に影響しない話題がベター。
- 目上の方など、くだけた会話がためらわれる場合は、若い頃の話や信条を聞くのもよいでしょう。
- これから親しくなりたい相手には、ちょっと笑える自分の弱点や失敗、習慣などを話しても。

NG例

A: 私はコーヒーが好きなんですよ。　**B:** そうなんですね。

A: 妻は紅茶が好きだと言うんですがね、紅茶なんて渋いだけじゃないですか。　**B:** 私も紅茶が好きなんですが…。

POINT 軽い話題でも、自分の考えだけを押し付けるのはやめましょう。相手が意見を伝えられなくなったり、ケンカになったりしてしまいます。

▶ 朝出社した時にサラッと話したい

✖ おはようございます。

〇 今朝○○……

展開例 自 今朝、近所の公園でウグイスが鳴いていましたよ。そろそろ春ですねぇ。
相 わぁ、それは素敵ですね。そう言えば、風も少し温かくなりましたね。

POINT 朝起きてから会社につくまでに目にしたもの、出会ったことはなんでも話題になります。自分なりに感じたことをひと言添えれば人柄も伝わります。

▶ 掃除のおばさんとエレベーターで2人きり

✖ いつもありがとうございます。

〇 掃除のコツってありますか？

展開例 自 トイレの水アカがなかなか落ちないんですよね。何か掃除のコツってありますか？ 相 あら、そうねぇ。私たちは、頑固な汚れには……

POINT 相手の得意分野を教えてもらう方法です。その際、具体的にこういう場面で困っていると伝えると、相手も返事を返しやすくなるでしょう。

▶ いつもの配送業者さん。荷物の受け渡しの時にちょっと会話がほしい

✖ ご苦労様です。

〇 ○○さんのおかげで……

展開例 自 暑いなか、ご苦労様です。○○さんのおかげでいつも助かっています。 相 いえいえ、仕事ですから。 自 でもこう暑いと大変でしょう。

POINT 毎日来てくれる宅配業者さんなら、名前を呼びかけてみましょう。これだけで親しみが増しますし、続けることで、会話も増えていくでしょう。

▶ 他部署の取引先と社内のエレベーターで2人きり

✖ お世話になっております。

⭕ 暑いですね。

展開例 自 今日も暑いですね。ここまで、ずいぶん汗をかいたんじゃありませんか。 相 ええ。ハンカチじゃ間に合わなくて、最近はスポーツタオルを常備しています。

POINT 同じ会社の者として、来社いただいたことへの労いの言葉を伝えましょう。担当者でなくても親しみを示すことで、会社のイメージアップにつながります。

▶ 会社まであと一駅の電車内で上司と遭遇

✖ 混んでますね……。

⭕ ○○には○○が効くって書いてありましたよ。

展開例 自 昨日読んだ雑誌に、疲れにはアスパラが効くって書いてありましたよ。 相 そうか。アスパラ好きだから試してみようかな。 自 最近お疲れですもんね。

POINT 雑誌で読んだ情報やテレビで見た情報など、ちょっとした話題を振るのがポイント。少しの間なら、深くなりすぎないテーマの方がよいでしょう。

▶ 商談前、お客様と軽く雑談して場を和ませたい

✖ 本日はありがとうございます。

⭕ この辺りは……

展開例 自 この辺りは意外と住宅が多いんですね。驚きました。 相 おかげで静かなのがいいですよ。 自 確かに。仕事に集中できそうですね。

POINT 訪問先の会社やその周辺のことが気軽に話題にしやすいでしょう。相手のほうが詳しい内容なら、自分が聞き役に回るメリットもあります。

▶ 会社の喫煙ブースで

✖ 失礼します。

⭕ 居場所がありませんね。

展開例 自 このところどこも禁煙ムードで、居場所がありませんね。 相 まったくだよ。家でも吸えなくて、参るよ。 自 私も、近所のコンビニで吸っています。

POINT 同じ境遇の者ならではのちょっとしたぼやきは、一息つきたい喫煙ブースにぴったりです。仲間意識が強まって、会話もはずみますよ。

▶ エレベーターで社長と2人きりに

✖ おはようございます！

⭕ めったにない機会なので お聞きしたいのですが

展開例 自 めったにない機会なのでお聞きしたいのですが、社長にとって、仕事で一番大切なことは何でしょうか？ 相 常に周囲の人に感謝することだね。

POINT 社長と直接話ができるチャンスと前向きに捉えて積極的に話しかけましょう。顔を覚えてもらえれば、以後気にかけてもらえる可能性もあります。

▶ 訪問先で、受付から会議室までの移動中。会話がない

✖ ……（気まずい沈黙）

⭕ 何という種類の○○ですか？

展開例 自 受付に水槽がありましたね。あれは何という種類の魚ですか？ 相 ベタというそうですよ。 自 ベタですか。はじめて知りました。

POINT 水槽の魚の種類や、絵画の作者など、その場にあるものならなんでも話題になります。相手の答えに対してちょっとした感想を伝えるのもいいでしょう。

▶ 接待に向かうタクシーで取引先のお偉方と2人きりに①

✘ お伴させていただきます。

⭕ これから行く店は〇〇がおいしいんです。

展開例 自 これから行くお店はフグがおいしいんです。 相 ほう、それは楽しみだね。 自 下関の天然フグを出してくれるそうです。お口に合うといいのですが。

POINT これから向かうお店の情報を伝えることで、相手への気配りを表すことができます。そのまま好きな食べ物の話題になれば、次回の接待に活かすことも。

▶ 接待に向かうタクシーで取引先のお偉方と2人きりに②

✘ お伴させていただきます。

⭕ 〇〇さんが若い頃は……

展開例 自 〇〇さんが若い頃は、どんな青年だったのですか？ 相 世間知らずで生意気だったなぁ。 自 今のお姿からは想像できませんね。 相 実はね……

POINT 社会の大先輩として学ばせてほしい、という気持ちを込めて尋ねてみましょう。そのまま、自分へのアドバイスを求めてもよいでしょう。

▶ これから商談。無口な上司との道中が辛い

✘ うまくいくでしょうか。

⭕ 心構えを教えてください。

展開例 自 準備は万全にしてきました。最後に、商談での心構えを教えてください。 相 あとは腹をくくるだけだよ。自信を持って話せばいい。 自 わかりました！

POINT どれだけ準備を整えても、いざ商談となると緊張してミスしてしまうことは少なくありません。経験豊富な上司に助言を求めれば、やる気も伝わります。

▶ 商談中、上司が急な電話で離席。取引先と2人きりに

✗ まだ戻ってきませんね。

◯ ○○が飾ってありますね。

展開例 自 会議室に絵を飾っているのですね。なんだか癒されますね。 相 社長が好きなんですよ。おかげで、この会社に入ってから少し絵に詳しくなりました。

POINT その場で目についたものについて気軽に話してみましょう。商談が再開すればすぐに打ち切ればいいのですから、深く考える必要はありません。

▶ 同僚と駅まで並んで歩いている時

✗ 今から帰るの？

◯ 今日は大変だったね。

展開例 自 今日は急なトラブルで、大変だったね。 相 そうだね。予定外の残業は困るよ。 自 何か予定があったの？ 相 いや。でも見たいドラマがあってさ。

POINT その日にあった共通の出来事について、自分の気持ちや感想を軽く交えて話してみましょう。途中で話題が変わってもよいよう、深刻な話は避けましょう。

▶ 社内会議が始まる前の待ち時間

✖ まだ始まりませんね。

⭕ 眠気対策に○○しているんです。

展開例 自 僕、会議中の眠気対策に、ツボ押しをやってるんです。 相 へぇ、面白そうだね。ちょっと教えてよ。 自 いいですよ。

POINT 会議中にありがちな悩みについて、お互いに自分の解決策を話してみましょう。「トイレを我慢している時」「くしゃみが出そうな時」などもいいでしょう。

▶ 商談中にパソコンがフリーズ。なかなか再起動しない

✖ なかなか動きませんね。

⭕ すみません、実は機械音痴なんです。

展開例 自 すみません、実は僕、機械音痴で。 相 そうなの。 自 はい。いまだに、変な操作をすると壊れるんじゃないかとビクビクしてしまうんですよ。

POINT パソコンにまつわるちょっとしたエピソードを披露してみましょう。自分の弱みを見せることで、親近感を抱いてもらえるメリットもあります。

▶ 連休明け、同僚からお土産をいただいた時

✖ どこへ行ってきたの？

⭕ 旅行、楽しかったでしょう。

展開例 相 どうぞ。 自 ありがとう。旅行、楽しかったでしょう。 相 ええ、北海道に行ったんですが、見渡す限りの大草原は気持ちがよかったです。

POINT 相手から差し出されたお土産を中心に、会話を展開しましょう。その際、旅行先やホテルなどの概要ではなく、どんなふうに楽しんだのかを聞くと盛り上がります。

▶ パソコンが故障。社内の詳しい人が直してくれている

✗ すごいですねぇ。

○ パソコンにはいつ頃から詳しいのですか？

展開例 自 ○○さんは、パソコンにはいつ頃から詳しいのですか？ 相 今の部署に配属された7年前くらいかな。 自 仕事で必要になって覚えるなんて努力家ですね。

POINT 「いつ頃から？」と具体的に質問することで、相手からより詳しい返事を引き出すことができます。すると自然と次の質問のヒントも増え、会話が続きます。

▶ 社内向けの配布資料をホチキスで止めている時

✗ 単純作業は飽きますね。

○ ○○さんの資料って分かりやすいですよね。

展開例 自 ○○さんの資料って分かりやすいですよね。 相 そうだね。どうやったら分かりやすくなるか、本を買って勉強しているみたいだよ。

POINT 単調な作業や、何でもない資料のなかにも、ちょっとした関心事を挟んで話題にしてみましょう。新しい発見に盛り上がるかもしれません。

▶ 上司に同行してもらったプレゼンの帰り道

✗ 終わって、ホッとしました。

○ 今日のプレゼンどうでしたか？

展開例 自 今日のプレゼン、どうでしたか？ 相 よかったんじゃないか。ただ、もう少しお客さんの顔を見ながら話した方がいいな。 自 勉強になります。

POINT 終わってすぐに意見を求めることで、やる気をアピールできます。また、時間が経つと忘れてしまいがちなささいな気づきも、しっかりと聞くことができます。

▶ 社内の休憩室で先輩と一緒に

✘ 失礼します。

⭕ 私はコーヒー党なんですよ。先輩は？

展開例 自 私はコーヒー党で、疲れた時は砂糖とミルクをたっぷりいれるんです。先輩は何がお好きですか？ 相 僕もコーヒーだけど、ブラックが好みだな。

POINT その時身近にある物について、お互いの好みを話してみましょう。内容を覚えておいて、次回の差し入れで相手の好きな物を渡せば、好感度アップにも。

▶ いつも備品の補充をしてくれるパートのおばさん

✘ あっどうも。

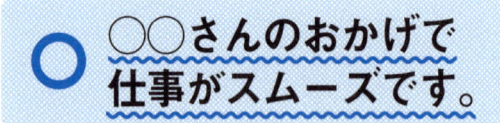

⭕ ○○さんのおかげで仕事がスムーズです。

展開例 自 急いでいる時にペンがないと焦るんですけど。○○さんがちゃんと補充してくれるおかげで、仕事がスムーズです。 相 そう言ってもらえると嬉しいわ。

POINT 誰だって、自分の仕事を認めてもらえると嬉しいものです。どんなにささやかな仕事に対しても、感謝の気持ちを口に出して伝えるようにしましょう。

▶ 昼食を買いにいったコンビニで先輩とバッタリ

✘ お先です。

⭕ 新商品が出ていましたよ。

展開例 自 今日はサンドイッチの新商品が出ていましたよ。さっそく買っちゃいました。 相 そうなんだ。私も買ってみようかな。 自 野菜たっぷりでいいですよ。

POINT 代わり映えのしない毎日のなかにある、ちょっとした変化に敏感になりましょう。「今日からホットドリンクのコーナーができてますよ」などもいいですね。

▶ 始業前の社内清掃で他部署の先輩と

✖ 今日も忙しいんですよ。

⭘ 今、○○を担当しているんです。

展開例 自 僕、今○○の担当をしているんです。 相 ○○かぁ、以前俺が担当した会社の同業者だな。 自 もしお借りできる資料があればお願いできますか？

POINT ちょっとした情報交換のチャンスととらえて、お互いの仕事について話してみましょう。思いがけず有効なアドバイスがもらえるかもしれません。

▶ 終業後、お互い机の整理をしている同僚と

✖ 早く片付けて帰ろう。

⭘ 整理整頓のマイルールって何かある？

展開例 自 整理整頓のマイルールって何かある？ 相 右から順に、背の高い物から並べるよ。 自 何か理由があるの？ 相 いや、でも昔からだな。君は？

POINT 人それぞれにやり方が異なる掃除や片付けなどは、聞いてみると意外な発見があって楽しいものです。お互いのよい点を取り入れれば、効率アップにも。

▶ 取引先と喫茶店で打ち合せ。飲み物が来るまでの間

✖ さてと……

⭘ このお店、落ち着きますね。

展開例 自 このお店、ソファの座り心地がよくて、落ち着きますね。 相 でしょう？　私は打ち合せでよくこのお店を利用するんですよ。 自 それはうらやましいですね。

POINT 仕事に関係のない、お店についての話題なら、感じたことを素直に表現しやすいのでおすすめです。相手も気軽に応じやすいでしょう。

133

FOR BUSINESS
SCENE 6

いつもよりリラックスした場面は
趣味やプライベートなどの話題で
関係を深めるチャンスです

オフィシャルじゃない場面で

ココがPOINT

- ビジネスの場面ではなかなか聞けない、人間味が伝わるようなエピソードを尋ねてみましょう。
- 相手の意外な一面を知って心理的な距離が近づけば、その後の関係がより良好になります。
- 忘年会など、普段接点のない部署の人と話す場面は、社内ネットワークを広げるチャンスととらえて。
- 他部署の人とは、まずはお互いの仕事を話題にしましょう。他部署の仕事を理解する姿勢も忘れずに。
- 休日に偶然出くわした場合などは、プライベートに踏み込みすぎないよう、サッと立ち去りましょう。

NG例

A: 休日に会うなんて奇遇ですね。どこへ行くんですか？　**B:** ちょっと食事に。

A: いいですね。どのお店ですか？　**B:** ○○だよ。

A: わぁ、ご一緒してもいいですか？

POINT 親しくなりたい気持ちから、プライベートに踏み込みすぎる例です。特に休日は、相手の様子からすぐに立ち去るかどうか判断しましょう。

▶ 休日、旅行先で取引先の担当者とバッタリ

✖ どちらへお泊まりですか？

◯ お天気でよかったですよね。

展開例 自 偶然ですね。○○さんもご旅行ですか。お天気でよかったですよね。
相 ええ。○○さんもご旅行? 自 はい。お互いよい旅行になるといいですね。

POINT 天候や混雑の具合といった他愛もない話題で、サッと立ち去るのがベストです。くれぐれも、プライベートを詮索されていると誤解を与えるような質問は避けて。

▶ 休日、家族で外出中の上司にバッタリ

✖ 家族サービス、大変ですね。

◯ 仲がよさそうでうらやましいです。

展開例 自 ○○部長はご家族と外出なんですね。仲がよさそうでうらやましいです。
相 いやいや。じゃ、また会社で。 自 はい。失礼します。

POINT プラスの感情を伝えるようにすると、一緒にいるご家族にも好印象です。また、プライベートの時間を遮らないよう、あいさつは短く済ませましょう。

▶ 会社のバーベキュー。あまり話したことのない同僚と一緒に作業

✖ お肉焼けました？

◯ ○○さんが○○する姿なんて、意外ですよね。

展開例 自 ○○課長が焼きそばを焼く姿なんて、意外ですよね。 相 ほんとね。でも、結構手慣れているみたい。 自 そうですね。料理もできるって素敵ですね。

POINT 普段とは違う姿が見られるせっかくの機会、共通の知人の意外な姿について話してみましょう。打ち解ければ、お互いの意外性に踏み込んでみてもいいでしょう。

▶ 会社の忘年会で社長に話しかけられた

✘ 楽しくやらせていただいています。

○ おすすめのビジネス書はありますか？

展開例 自 これからもっと勉強したいと思っています。若手の僕にもおすすめのビジネス書があれば教えてください。 相 熱心だね。じゃあこんなのはどうかな？

POINT 相手への敬意と、自らのやる気を同時にアピールできる質問です。社長と直接話せる貴重なチャンスですから、積極的に話しかけてみましょう。

▶ 会社の創立記念パーティーで上司の奥さんにあいさつ

✘ いつもお世話になっております。

○ ○○部長のアドバイスはとても分かりやすいんですよ。

展開例 自 ○○部長のアドバイスはとても分かりやすいので、いつも助けていただいています。 相 あらそう。うちではわりと無口なのよ。意外ねぇ。

POINT ただ「お世話になっている」だけでは伝わらない上司の魅力や、感謝していることを具体的に話しましょう。その後、上司の普段の様子を聞いてもいいでしょう。

▶ 会社の創立記念パーティーで話したことのない他部署の人間と

✘ 社長の話、長くて嫌になっちゃいますね。

○ 先日の○○は、確かあなたの部署の担当でしたね。

展開例 自 先日の○○は、確かあなたの部署の担当でしたね。 相 よくご存知ですね。 自 ええ。ライバル会社を出し抜いたって評判ですよ。 相 照れますね。

POINT その人個人の成績は分からなくても、部署単位での成果なら分かるはず。普段から他部署の状況を把握しておき、賞賛の言葉を伝えるとスムーズです。

▶ 会社のパーティーでメールでしかやり取りしたことのない他部署の人と

✘ ○○さんってこんな方だったんですね。

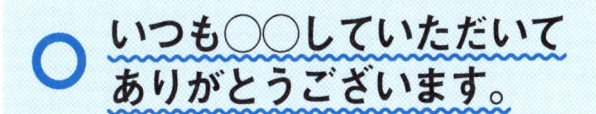

◯ いつも○○していただいてありがとうございます。

展開例 自 経理部の○○さんですか。いつも請求書の処理、ありがとうございます。私の書類、ややこしくありませんか？ 相 いやぁ、営業部の方は仕方ないよね。

POINT 相手との接点を把握した上で、いつもの感謝を伝えましょう。最初に感謝を述べることで仲よくしたい気持ちが伝わり、相手も心を開いてくれるでしょう。

▶ 会社のパーティーで、他部署の部長に話しかけられる

✘ どんな仕事をされているのですか？

◯ ○○部長とは同期だったそうですね。

展開例 自 ○○部長とは同期だったそうですね。 相 そうなんだよ。彼は元気かい？
自 ええ、いつも遅くまで仕事をされています。 相 相変わらずだなぁ。

POINT 直接接点のない人とは、共通の知人を話題にしてみましょう。共通の知人との関係から、間接的に自分のことを伝えるといいでしょう。

▶ 休日、上司に誘われて初のゴルフに

✘ ナイスショット！

◯ 思っていたより○○ですね。

展開例 自 思っていたより打てないものですね。でも、うまく当たると気持ちがいいです。
相 そうだろう？ 私もそれでハマったんだよ。 自 そうなのですね。

POINT 誘った上司のほうも楽しんでいるか気にしているかも。自分から具体的に面白いと感じたポイントを伝えると、上司も誘った甲斐があったと喜んでくれるはず。

▶ 取引先の担当者と趣味が同じ。休日一緒に出かけることに

✖ 腕前はどの程度ですか?

〇 そのウエア、お似合いですね。

展開例 自 そのウエア、お似合いですね。 相 そうかい? 妻が選んでくれたんだよ。 自 奥さんが! じゃ、趣味も奥さん公認なんですか? 相 そうだよ。

POINT 趣味の腕前となると競争心から気まずい雰囲気になるリスクがあるため、服装や道具などが話題にしやすいです。好きなメーカーについて聞くのも手。

▶ 取引先の忘年会に誘われた

✖ そういえば、あの案件はどうなりましたか?

〇 お酒は強いほうですか?

展開例 自 ○○さんの部署の方は、皆さんお酒は強いほうですか? 相 いや、私はダメなんだけど、若い連中はみんな強いよ。 自 それじゃおつらいのでは?

POINT 話題にしていいことと悪いことがはっきり分からない場面では、仕事の話題は避けたほうが無難。誰もが気軽に参加できる話題で、担当者以外の方とも交流を。

▶ 社員旅行のバスで、親しくない先輩・上司の隣に

✖ おはようございます。

〇 もしよければご意見ください。

展開例 自 実は先日ちょっとミスをしてしまって。もしよければご意見をいただけますか? 相 具体的にどんなミスをしてしまったの? 僕でよければ……。

POINT 人によって仕事へのスタンスや考え方はさまざま。すでに解決した問題であっても、新しい意見がもらえるかもしれないので、積極的に聞いてみましょう。

▶ 仕事帰り、駅のホームで上司とバッタリ

✖ お疲れさまです。

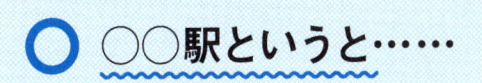

⭕ ○○駅というと……

展開例 自 ○○駅というと、自然が多いですよね。相 ああ。家から駅まで行く途中にも遊歩道があってね。毎朝散歩しているよ。自 気持ちよさそうですね。

POINT どの駅で降りるかを聞いたあと、相手や自分の街の様子を話すと自然です。その際、ちょっとした感想を加えると会話がふくらみやすいでしょう。

▶ 会社帰りの居酒屋で上司にバッタリ

✖ 部長もこのお店に来るんですか?

⭕ この店の○○が好きなんです。

展開例 自 この店の○○が好きでよく来るんです。部長は召し上がられましたか？
相 いや、この店は初めてでね。自 よければ召し上がってみてください。

POINT 相手に尋ねる前に、自分の情報を開示しましょう。また、先に料理の話題を持ち出すことで、終業後に仕事の話をされて嫌な思いをする心配も薄れます。

▶ 同僚と家が近所。休日のスーパーでバッタリ

✖ このスーパーにはよく来るの？

⭕ いつもこのくらいの時間にくるんだ。

展開例 自 こんなところで会うなんて奇遇だね。僕は家が近いから、休日はいつもこのくらいの時間にくるんだ。君は？　相 たまたまこの辺りに用事があってね。

POINT 自分がいつもどの時間帯に来ているのかを伝えてみましょう。相手が気まずさを感じているなら、次回から、自分が来る時間を避けてくれるでしょう。

▶ 同僚の結婚式。自分だけ役職者と同じテーブルに

✖ あの仕事のことですが、

⭕ 私も早く結婚したくなります。

展開例 自 ふたりの幸せそうな顔を見ると、私も早く結婚したくなります。相 そうだね。私も新婚の頃を思い出すよ。自 部長の新婚時代はどんなふうでしたか？

POINT 高砂のふたりを主役に、結婚の魅力や憧れといった明るい話をしましょう。上司が既婚者なら、幸せな結婚生活について聞いてみるのもいいでしょう。

▶ 同僚が取引先の相手と結婚。披露宴で取引先の担当者と

✖ 先日はありがとうございました。

⭕ 今日はおしゃれしてきました。

展開例 自 おめでたい日なので、今日はおしゃれしてきました。相 いつもと印象が変わりますね。自 普段はワンピースなんて着ないから恥ずかしいです。

POINT おめでたい場で仕事の話は避けましょう。主役のふたりを祝福しつつ、印象に残る話をすれば、以後、打ち解けるきっかけになるかもしれません。

▶ 定年退職した上司と街でバッタリ

✖ 今は何をしているんですか？

⭕ 本当に役に立っています。

展開例 自 ○○さんに教えてもらった○○、本当に役に立っています。 相 それはよかった。 自 もしよければ、また教えていただいてもいいでしょうか？

POINT 定年退職後の生活は人それぞれですから、よほど親しくない限り聞かない方がベターです。在職中に教わったことやお世話になったことのお礼を伝えましょう。

▶ 英会話塾が上司と一緒

✖ いまどのクラスですか？

⭕ ○○先生って○○らしいですよ。

展開例 自 ○○先生ってニューヨーク出身らしいですよ。 相 ニューヨークかぁ。一度行ってみたいものだな。 自 私もです。海外ドラマを観ては憧れていますよ。

POINT 上司・部下の関係で、英会話の上達具合が分かるような会話は避けましょう。教室の先生の話など、気安く話せる話題を選んで。

▶ 転職先の職場が、歓迎会を開いてくれた

✖ これからお役に立てるようがんばります。

⭕ よく皆さんで飲むのですか？

展開例 自 よく皆さんで飲むのですか？ 相 ええ。うちの部署はみんなお酒が好きなんですよ。 自 そうなんですね。 相 週末なんて、朝まで飲んでいますよ。

POINT お酒の席では、新しい職場の仲間がどんな人たちを知る絶好の機会です。まずは目の前にあるお酒から始めて、休日や趣味へと話題を変えていきましょう。

COLUMN 4

雑談トラブル脱出術

「ネガティブを ポジティブに変換したい時」

場の雰囲気が悪くなると、ネガティブな意見しかでなくなり悪循環に陥りがちです。そんな時は、雑談で雰囲気を変えてしまいましょう。

NG例

> **Aさん**「前にダメだったから、それは無理だよね」
>
> **Bさん**「そうですね」
>
> **Cさん**「だって、予算がないんだから、何もできないよ」
>
> **Aさん**「確かに、無理だよね……」
>
> **Bさん**「どうしようもないですね……」

■一言で切り替える

　場の空気が重く、ネガティブな時でも、元気よく「さて！」と言うと、雰囲気がガラリと変わります。「さて！」というフレーズはとても前向きで、一区切りつけて、次に進む印象を与えます。「さて、始めるか！」とはなりますが、「さて、休むか…」とはなりません。場の空気に負けず、大きな声で元気よく言って、停滞した空気を吹き飛ばしてしまいましょう。

テクニック 1　前に進む雰囲気をつくる会話例

Aさん「前にダメだったから、それは無理だよね」

Bさん「どうしようもないですね……」

Cさん「<u>さて！　一度白紙にして考えてみましょうよ！</u>」

Bさん「そうですね。一つの考えにこだわりすぎかもしれませんね」

Aさん「確かに、それはあるかもね」

Cさん「<u>では、まず予算は考えずによいと思う案を出していきましょう！</u>」

Aさん「○○だったら面白いかなと」

Bさん「そうですね、それはぜひやってみたいですよね」

Cさん「他にも何かありますか？」

POINT　一つの問題にこだわりすぎて、アイデアが出なくなり、それが原因で雰囲気が悪くなる場合があります。そういう時は、「さて！」で切り替えて、白紙の状態から考えてみるのがおすすめです。

COLUMN 4

NG例 あいつは… ですね〜

Aさん	「あいつのせいでこんなことになったんだよ」
Bさん	「そうですよね。私たちは悪くないのに」
Aさん	「本当に貧乏くじだよな」
Bさん	「そうですね」
Aさん	「部長も部長だよ。あんなやつに任せて……」

■ あいづちで空気を変える

　悪口や愚痴などが続いて、ネガティブな雰囲気になった時は、1章で紹介したあいづちが使えます。まず、「ところで……」など、相手を否定せずに話を変える"転換"のあいづちを使うと、場の雰囲気も転換されるので、ネガティブな雰囲気がポジティブな雰囲気になります。この時、転換先の話題は明るいものを選ぶようにしてください。また、「大変でしたね」など、相手の気持ちや立場に共感するあいづちも有効です。転換よりも変化のスピードは下がりますが、おだやかに雰囲気を変えていくことができます。場の空気に合わせて、あいづちを使い分けてください。

テクニック ② 転換などのあいづちを入れる会話例

Aさん　「あいつのせいでこんなことになったんだよ」

Bさん　**「Aさんも大変でしたね」**

Aさん　「本当に参ったよ」

Bさん　**「僕も同じ立場なら、そう思ったでしょうね」**

Aさん　「愚痴ばっかり聞かせて申し訳なかったね」

Bさん　**「ところで、明日お休みですけど、何か予定はあるんですか？」**

Aさん　「明日は家族で海に行くんだよ」

Bさん　「へー！　いいですね！」

Aさん　「子どもが行きたいっていうから、しょうがなくね……」

Bさん　「暑くなるらしいので、気を付けてくださいね。」

POINT　愚痴を聞かされた時は、共感を示すのがポイントです。そして、相手の気持ちが収まってきたところで、転換のあいづちを打ち、明るい話題に持っていきましょう。

COLUMN 4

テクニック③ ポジティブな言葉を発する会話例

■ 言葉の力を活用する

　言葉の響きには、場の雰囲気を左右する力があります。ネガティブな言葉ばかりが続いてネガティブな雰囲気になってしまった時は、ポジティブな言葉を発して、流れを変えてしまいましょう。日本人は場の空気に合わせる特徴があるので、いきなりポジティブな言葉を発することに抵抗があるかもしれませんが、できるだけ明るく元気に言ってください。語調や表情も明るくするように気を付ければさらに効果的です。

Aさん　「あー、疲れたなぁ」

Bさん　「金曜日はきついですよね」

Cさん　**「みなさん、うれしいお知らせです!」**

Aさん　「どうしたの?　急に?」

Bさん　「Cさん、元気だね」

Cさん　**「これを聞いたら元気でますよ。
部長が宝くじ当たったんですって!
だから今日は、部長のおごりで
飲みに行きます!」**

POINT　元気な人と話すと元気がもらえるように、明るい言葉を聞くと気分が明るくなります。ネガティブな雰囲気にも波があるので、よいタイミングをつかんで、明るい言葉を発してみましょう。

★ ZATSUDANRYOKU SAKUTTO NOTE ★

第5章

\ まわりとよい関係を築ける！/
プライベートで使える雑談フレーズ

毎朝会うご近所さんに……、
親戚との会話の場面で……、
といったシーンで使えるフレーズを紹介します。

FOR PRIVATE
SCENE 1

毎日のように顔を合わせる
ご近所さんとは
適度な距離を保つ雑談で

ご近所の人に対して

! ココがPOINT

- ご近所トラブルをなくして、日常生活を円滑にするのも雑談の大切な役割です。
- 季節の移り変わりや地域の行事など、他愛もない会話を重ねて、親しみの気持ちを育てましょう。
- 相手の家庭には立ち入らないのが鉄則。自分の家庭について聞かれても答えないようにしましょう。
- うわさ話に加わるとトラブルに巻き込まれる危険が。話題を変えるか、すぐに立ち去るのがベター。
- 日常生活でのちょっとした困りごとや深刻ではない悩みを共有するのも仲よくなる秘訣です。

NG例

A: 夏休みはどこかへ行くの？　**B:** 家族でハワイに行く予定です。

A: あら、豪勢ね。

B: そうですか？　Cさんもハワイへ行くようですよ。Aさんは行ったことないんですか？

POINT お互いの経済状況が分かるような会話や、自慢、悪口と誤解される可能性のある話題にはくれぐれも注意しましょう。

▶ 出勤前のご近所さんと毎朝会う

✘ おはようございます。

⭕ おはようございます。
行ってらっしゃい。

展開例 自 おはようございます。行ってらっしゃい。相 あっ、おはようございます。行ってきます。

POINT 誰しも懐かしさを感じる「行ってらっしゃい」のひと言で、ありきたりのあいさつがぐっと親しみ深くなります。ご近所さんとの距離も縮まりますよ。

▶ 夜、仕事から帰ってくるご近所さんにバッタリ

✘ こんばんは。

⭕ こんばんは、お帰りなさい。

展開例 自 こんばんは。お帰りなさい。相 あっ、こんばんは。自 遅くまで大変ですね。相 いえ…気にかけていただいてありがとうございます。

POINT 「お帰りなさい」というひと言で、ご近所さんも思わず頬が緩みます。笑顔で「ただいま」と返ってきたら、もう気持ちが通じ合った証拠です。

▶ PTAのつながりだけの知人とバス停でバッタリ

✘ どこへ行かれるんですか？

⭕ 先日の○○は大変でしたね。

展開例 自 先日の会合は長丁場で大変でしたね。相 そうですね。自 おかげで夕飯を作る時間がなくて、お惣菜ばかりになってしまいました。

POINT 表面的な会話で取り繕ってしまいがちな関係には、自分から積極的に気持ちを伝えるようにして。相手も素直な気持ちを話しやすくなります。

▶ 話し好きのおばさんにつかまった

✖ ええ…そうですね…（早く終わらないかな）。

⭕ 実は用事がありますので失礼します。

展開例 自 そうなんですね。実は用事がありますので失礼します。相 そう、用事じゃ仕方ないわね。行ってらっしゃい。自 行ってきます。

POINT 話を切り上げたい時は、相手の目をしっかりと見て、笑顔で別れのあいさつを伝えましょう。曖昧な受け答えでフェードアウトするより、よほど好印象です。

▶ 近所のおばさんがプライベートを探ってくる

✖ 個人情報なのでお話しできません。

⭕ いやぁ、そこはちょっと困るんです。

展開例 相 旦那さん、どこへお勤めなの？　ボーナスは？ 自 いやぁ、そこはちょっと困るんです。ごめんなさいね。相 まぁ、残念ね。でも分かったわ。

POINT 強い拒絶の言葉は、会話自体を拒否してしまう恐れが。答えたくない質問に対しては、答えられないことを穏やかに伝えましょう。

▶ 管理人さんとサラッと会話したい

✖ こんにちは。

⭕ いつも○○ありがとうございます。

展開例 自 いつも掃除してくれてありがとうございます。おかげで気持ちよく暮らせます。相 こちらこそ、そう言ってもらえると嬉しいわ。

POINT 管理人さんがしてくれていることに対して感謝を伝えましょう。その際、何に対して感謝しているのか、きちんと言葉にして伝えることがポイントです。

▶ 近所の顔見知りと行き先が同じに

✖ これからどちらに行かれるのですか。

⭕ 公園の桜が咲きましたね。

展開例 自 早いもので、もう公園の桜が咲きましたね。今から花見が楽しみですよ。 相 本当に。うちはもう、週末のお花見の準備を始めちゃいましたよ。

POINT いきなりプライベートな質問をすると警戒されてしまうもの。近所の公園など、ご近所さんなら誰でも目にしている光景を話題にしてみましょう。

▶ 駅のホームでご近所さんとバッタリ。同じ電車に

✖ いつもこの電車なのですか。どこまで乗るのですか。

⭕ ○○さんはどうやって満員電車を乗り切っていますか。

展開例 自 この時間帯はいつも混んでいますね。○○さんはどうやって満員電車を乗り切っていますか。 相 大好きなロックでイライラを吹き飛ばしてます。

POINT 相手の情報ではなく、工夫に注目した質問をすると、その後の会話がつながりやすいです。相手の返事に大げさに反応すると、いっそう盛り上がるでしょう。

▶ あまり親しくないご近所さんと帰り道が一緒に（早い時間）

✖ どうも。

⭕ あまり早く帰ると妻が嫌な顔をするんですよ。

展開例 自 あまり早く帰ると妻が嫌な顔をするんですよ。○○さんはどうですか？ 相 分かります！　うちなんて「もっと遅くても良かったのに」なんて言われますよ。

POINT ちょっと情けないエピソードを披露することで、親近感が生まれます。相手からも、素直なエピソードが聞けるといっそう距離が縮まりますよ。

▶ 美容院での会話が苦手

✘ じゃあ、あとはお願いします。

⭕ 実は人見知りなんです。

展開例 自 実は人見知りなんです。美容師さんは、初対面でもすぐに打ち解けられるのでしょうね。相 それがそうでもなくて、毎回ドキドキしているんですよー。

POINT 毎日たくさんのお客と会話している美容師さんは気さくで話し上手。人見知りのお客にも慣れているので、会話のテクニックを教わってみましょう。

▶ タクシーの運転手さんとの会話が苦手

✘ ええ、まぁ……

⭕ 道を覚えるのは大変でしょう。何かコツがあるんですか？

展開例 自 東京の道を覚えるのは大変でしょう。何かコツがあるんですか？ 相 コツというほどでもありませんが、実は……。自 えっ、それは意外ですね！

POINT タクシーの運転手さんは世間話好きが多いもの。相手が喜んで話してくれそうな質問をして、相手が話しはじめたら、適度にあいづちを返しましょう。

▶ 休日に子どもの学校の先生とバッタリ

✘ あ、どうも……

⭕ なんだか照れくさいですね。

展開例 自 学校以外で会うと何だか照れくさいですね。相 そうですね。自 では、また。相 ええ、さようなら。○○くん、月曜日に学校でね。

POINT 気まずいのは、プライベートな場面で児童と保護者に遭遇してしまった担任のほうでしょう。こちらから、先生の戸惑いの気持ちを代弁してあげましょう。

▶ ご近所さんとスーパーでバッタリ

✖ いつもこのスーパーで会いますね。

◯ このスーパー、よく来るんですよ。

展開例 自 このスーパー、よく来るんですよ。安いから助かっちゃいます。 相 うちもよ。今日は卵が特売で助かっちゃった。 自 それじゃ、うちも買おう。

POINT いきなり質問されると、意図がわからず面食らってしまうもの。まずは自分からオープンに話しかけて、相手が話しやすい状況をつくってあげましょう。

▶ 急いでいるのに、近所のおばさん達の井戸端会議につかまった

✖ 今、急いでいるので！すみません。

◯ 急いでいるので、また今度聞かせてください。

展開例 相 今新しくできたケーキ屋さんの話をしていたのよ。あなたはもう行った？ 自 それは楽しそうですね。でも急いでいるので、また今度聞かせてください。

POINT 急いでいることは正直に伝えてOK。その際、相手の目を見て「楽しそうですね」とひと言添えれば、相手は受け入れてもらえたと安心するでしょう。

▶ 病院でご近所さんとバッタリ

✖ どこか悪いのですか。

⭕ この病院、いつも混んでいますよね。

展開例 自 あっ○○さん。こんにちは。 相 こんにちは。 自 この病院、いつも混んでてまいっちゃいますよね。 相 ほんとに。予定がある時はヒヤヒヤしますよ。

POINT 相手の症状も分からないのに「病気」を話題にするのはNG。「病院」という共通の場所をテーマにしたちょっとした不満で、気まずさを解消しましょう。

▶ 詮索好きなご近所さん。スーパーで夕飯の内容を探ってくる

✖ まだ決めてないの。

⭕ お宅はどうなさるの。

展開例 相 あら奥さん、夕飯の買物？ 今日は何にするの？ 自 ええ、まぁ。お宅はどうなさるの。 相 まだ決めてないの。何がいいかしらね。 自 迷いますね。

POINT 答えたくない質問には無理に答えなくてOKです。適当なあいづちで返事を濁しつつ、同じ質問で切り返すことに徹しましょう。

▶ おせっかいなご近所さん。頼んでもいない見合い話を持ってくる

✖ 結構です。

⭕ 今ちょうど恋愛中なんです。

展開例 相 早く結婚したほうがいいわよ。この子なんてどう？ 自 ありがとうございます。でも、今ちょうど恋愛中なんです。 相 あら。じゃ、余計なお世話だったわね。

POINT 嘘でもいいから「恋愛中」と宣言しておけば、見合い話だけでなく、「早く結婚したほうがいい」などの面倒なおせっかいも聞かずにすみます。

▶ お隣さんがご近所の悪口を言う。同意してほしいみたいだが

✖ はぁ…

⭕ そういえば、芸能人の○○が……

展開例 相 ○○さんのご主人、不倫してたんですって！ 自 そういえば、芸能人の○○も不倫で大変でしたね。相 芸能人は多いわよねぇ。ほら、あの女優も…

POINT 悪口は後味が悪いだけでなく、ご近所トラブルの元になりかねないもの。雑談が悪口になったら、すかさず芸能人のゴシップにすり替えましょう。

▶ マンションのエレベーターで初対面の住人と2人きり

✖ こんにちは。

⭕ 今度断水があるようですね。

展開例 自 今度、断水があるようですね。相 そうですね。自 うちは断水の時はペットボトルに水を溜めておくんですけど、量が多いと結構辛いですね。

POINT 同じマンションの住人同士、断水やエレベーターの点検といったマンションに関わる話題なら話しやすいものです。管理人さんの人柄などの話題もOK。

▶ あまり親しくないご近所さんと帰り道が一緒に（普通の時間）

✖ こんばんは。

⭕ 新しい○○、もう行きました？

展開例 自 駅前に新しい居酒屋ができてましたね。もう行きましたか？ 相 ええ、焼き鳥が美味しかったですよ。自 それはいいですね！ 僕、焼き鳥大好きなんです。

POINT 公園の花が咲いたなど、同じ生活圏内で起こったささやかな変化といった話題なら、あまり知らない間柄でも安心して会話を楽しめます。

▶ あまり親しくないご近所さんと帰り道が一緒に（遅い時間）

✖ いつも遅いんですか？

⭕ こう遅いと○○ですね。

展開例 自 こう遅いと子どもが寝てしまっていて、ちょっと寂しいんですよ。 相 ああ、分かります。僕も最近残業続きで、寝顔しかみていないんですよね。

POINT あたりさわりのない軽い話題で、ほんの少し自分の情報と気持ちを伝えてみましょう。親しみの持てる、くすりと笑える話題が好ましいです。

▶ 地域サークルの知人と駅で一緒になった

✖ サークルの○○さん、ワガママで困りますよね。

⭕ 次回は○○ですよね。

展開例 自 次回はセーターを編むんですよね。実は待ち遠しすぎて、もう糸を買っちゃったんですよ。 相 まぁ、それは楽しみですね。柄は決めたのですか？

POINT サークルの話題のなかでも、ちょっとした楽しみを話してみましょう。その場にいない第3者のうわさ話などは、悪口になりかねないのでNGです。

▶ PTAの役員に。無口な知人とペアでの作業が辛い

✖ 夏休みは旅行に行くんですか？

⭕ 夏休みはどこかに行かれるんですか？

展開例 自 今年の夏休みはどこかに行かれるんですか？ 相 いいえ、上の子が来年受験なので。 自 受験ですか。それは気が抜けませんね。

POINT 「はい」「いいえ」で答えが完結してしまう聞き方をしないのが鉄則です。「ええ、○○に」と返ってきたら、次はその○○を話題に、会話を広げましょう。

▶ 公園デビュー。すでに仲のよいママさんグループに入りづらい

✖ (母親に) はじめまして。

⭕ (相手の子どもに) 遊んでくれてありがとう。

展開例 自 (相手の子に) 遊んでくれてありがとう。(相手に) うちの子が遊んでもらってありがとうございます。おいくつですか？ 相 3歳です。(自分の子に) 僕はいくつ？

POINT 仲のよいグループに後から参加する場合、いきなり全員と仲よくなるのは難しいもの。まずは子どもをきっかけに、メンバーの1人と親しくなりましょう。

▶ 保育園の先輩ママに子育てのコツを教わりたい

✖ 子育てのコツを教えてください。

⭕ 何か工夫されていることってありますか？

展開例 自 子育てと仕事の両立って大変ですね。何か工夫されていることってありますか？ 相 そうねぇ、一番いいのは、「両立しなきゃ」って考えを捨てることかしら。

POINT 漠然とした質問では、何を答えていいのか分からず戸惑ってしまいます。具体的に何に困っているのかを伝えれば、相手も安心して答えてくれます。

▶ 引越し後、初めて町内会に参加。これから仲良くなりたい

✖ いろいろ教えてください。

⭕ この町内では○○ですか？

展開例 自 この町内ではゴミ出しにどんなルールがありますか？ 相 燃えるゴミと燃えないゴミをきちんと分けてくれれば、特に難しいルールはないよ。

POINT ざっくりと教えを乞うよりも、具体的な決まり事について尋ねる方が、相手が答えやすいです。また、周囲と積極的に馴染もうとする姿勢が伝わります。

FOR PRIVATE SCENE 2

趣味や学校、子ども関係など
関係性がさまざまな友達とは
お互いの距離感に見合った会話を

友達との付き合いで

! ココがPOINT

- どの程度プライベートな事柄を尋ねるかは、お互いの心理的な距離に応じて判断しましょう。
- 友達の友達や、友人の家族・配偶者といった関係では、共通の友人の話題が話しやすいでしょう。
- 新しい友人には、自分のことを話す以上に相手のことを積極的に尋ねましょう。
- 自分からは話したがらない相手には無理に質問せず、まず自分のことを話してみましょう。
- 気の置けない友人だからと安心しすぎて、会話が雑にならないように注意しましょう。

NG例

A: 恋人とケンカしたんだ。	**B:** えっどうして？
A: ちょっとした誤解があって。	**B:** それなら早く誤解を解きなよ。
A: そうなんだけど…	**B:** 早くしないとこじれちゃうよ。

POINT 「ケンカすると苦しいよね」「誤解されると辛いね」など、Aさんの気持ちを汲み取ることができれば、より強い信頼関係を築けるでしょう。

▶ 友達の友達と初対面で2人きり

✖ ○○さんとはどういう関係？

⭕ ○○さんとは知り合って長いんですか？

展開例 自 ○○さんとは知り合って長いんですか？ 相 高校の時から一緒なので、もう10年以上の付き合いですね。自 へぇ、その頃から面倒見がいいですか？

POINT 答えにくい質問より、「はい」「いいえ」で答えられる質問がいいでしょう。共通の知人が話題なら、お互いリラックスして話せます。

▶ 大勢だと盛り上がるのに2人になると会話が途切れる友人がいる

✖ （黙って携帯電話をいじる）

⭕ さっきはしゃべり過ぎたね。

展開例 自 さっきは少ししゃべり過ぎたね。ちょっとしゃべり疲れちゃったよ。相 そうだね。

POINT 会話のテンポは少人数だと遅くなります。大勢から2人になり、会話のテンポを落とす時には、こんなフレーズで合図を送ってみましょう。

▶ みんなで遊んだ帰り道、無口な友人と2人きりに

✖ えーと、そういえば…（会話を探している）

⭕ ちょっと疲れちゃったね。

展開例 自 今日は楽しかったね。ちょっとはしゃぎすぎて疲れちゃった。相 私も。自 ちょっとおしゃべり休憩しようか。相 うん。

POINT 無口な友人から無理に話を引き出す必要はありません。「ちょっとトーンダウンしよう」というメッセージを送りつつ、会話を待つゆとりを持ちましょう。

▶ 飲み会が悪口大会に。うまく話題を変えたい

✖ ○○にもいいところはあるよ。

⭕ 全然関係ないんだけど

展開例 相 ○○ってワガママだよな。自 そう？ そういえば、全然関係ないんだけど、この間風邪で熱が40度も出てさ。辛かったな。相 40度！？大丈夫だった？

POINT 思い切って別の話題に変えてみましょう。多少強引でも、お酒の席ではちょっとした話題でも盛り上がりやすいのであまり気にしなくても大丈夫。

▶ ネガティブすぎる友人の会話がつらい

✖ もっとポジティブにならならいと。

⭕ ずいぶん弱気なんだね。

展開例 相 新しい仕事を任されたんだけど、失敗しそうでこわいよ。自 ずいぶん弱気なんだね。どうかしたの？ 相 以前も失敗しててさ。プレッシャーなんだ。

POINT ネガティブな気持ちを受け入れてもらえると、人はとっても楽になります。相手がネガティブな言葉を口にしたら、否定せずに受け止めてあげましょう。

▶ ポジティブすぎる友人との会話に疲れる

✖ もっと慎重にならないと。

⭕ 前向きでいいね。

展開例 相 来月、自分の店を開くんだ。きっとすぐに繁盛させてみせるよ。自 いつも前向きでいいね。何か秘訣があるの？ 相 メニュー開発に力を入れたからね。

POINT ポジティブすぎると周囲は心配しがちですが、ネガティブな気持ちと同様に受け入れましょう。ポジティブでいられる秘訣などを聞いてみてもいいですね。

▶ 既婚者のなかに独身が自分1人。なんだか気を遣われている

✘ 私は独身だから……

○ 結婚生活って幸せなんだろうね。

展開例 自 まだ想像がつかないんだけど、結婚生活って幸せなんだろうね。 相 幸せだよー。でも独身時代も楽しかったな。あなたは最近、何か楽しいことあった？

POINT いっそ自分から結婚生活について尋ねてみましょう。あなたから話題にしてもらえると安心して話せますし、その後であなたの話を聞いてくれるでしょう。

▶ 友人が入院。お見舞いで何を話せばいい？

✘ 大変だったね、大丈夫？

○ どういう経過だったの？

展開例 自 大変だったね。もう大丈夫そうだけど、どういう経過だったの？ 相 うん、家族がいつもと様子が違うって気付いてくれたんだ。君も気をつけなよ。

POINT お見舞いに行ってよいくらい状態が回復しているのであれば、経過を尋ねても大丈夫でしょう。もちろん、相手が話したくないそぶりなら避けましょう。

▶ すぐ自分の話に置き換える友人

✘ また自分の話ばかり！

○ さっきの話だけど

展開例 相 私も○○で大変だったの。 自 そうなんだ。ところで、さっきの話なんだけど…… 相 うんうん。

POINT 一通り相手の話を聞いたらもとの話に戻す、を根気よく続けましょう。そのうち相手の話すことが尽きるか、でなければ諦めるほかありません。

▶ なんでも否定する友人

✖ どうして否定ばかりするの?

⭕ そう言われるとそうだね。

展開例 自 この俳優かっこいいよね。相 え〜そうかな？ 背が低いよ。自 でもかっこいいよ。相 目も細いし。自 そう言われるとそうだね。相 …。

POINT 相手が否定してきたら、オウム返しでその否定を肯定してしまいましょう。相手は否定のしがいがなくなってしまうでしょう。

▶ ショッピングモールで家族と一緒の同級生にバッタリ

✖ 家族で買物?

⭕ 学校で会う時とは雰囲気が変わるね。

展開例 自 びっくりした！ ○○さん、学校で会う時とは雰囲気が変わるね。相 そうかな？ 自 うん、パッと見たとき気付かなかったよ。じゃあまた、学校でね。

POINT 家族と一緒のところを見られるとバツが悪いもの。軽くあいさつしたらサッと切り上げましょう。また、何を買うのか詮索するような質問も避けましょう。

▶ 同窓会でかつての恩師と再会

✖ その後、お変わりありませんか?

⭕ 学生のころは○○でしたね。

展開例 自 学生のころは先生によくしかられていましたね。相 そうそう、あなたは授業中によく窓の外を見ていたわね。自 おかげで今は風景カメラマンです。

POINT 「その後」のことは相手が話し出すまで聞かないのがベターです。学生時代の自分と先生に関するエピソードを話して、偶然の再会を楽しみましょう。

▶ 十数年ぶりの同窓会。相手が誰だかどうしても思い出せない

✖ ごめん、名前は何だっけ？

〇 文化祭、楽しかったよね。

展開例 自 文化祭、楽しかったよね。 相 そうそう、あの時は確か喫茶店をしたんだよな。 自（思い出した！）君はコーヒーを入れるのがやたら上手かったよね。

POINT 全校生徒が参加するイベントの話なら、何年生の時に一緒だったかもわからない…という場合にも使えます。

▶ 苦手な友人と習い事が一緒になった

✖ ○○さんもここに通ってるんだ。

〇 ○○さんも絵が好きだったんだ。

展開例 自 ○○さんも絵が好きだったんだ。 相 うん。 自 いつから通ってるの？ 相 先月から。誘われて行った美術展で素敵な絵を観て、影響されたの。

POINT せっかくですから、「同じ習い事」を切り口に話しかけてみましょう。これまで知らなかった相手の魅力を知って、親しくなれるチャンスです。

▶ 同窓会で昔の恋人に再会

✖ 今はどうしてるの。

⭕ あの頃は楽しかったね。

展開例 自 あの頃は毎日一緒に帰ったりして楽しかったね。相 そうだね。おしゃべりに夢中で電車を乗り過ごしたり。自 あったあった。鞄を忘れて降りたりね。

POINT 現在のことを聞かれると、未練があるように受け取られてしまう危険が。お互い過去の出来事としての思い出話なら、気まずさも消えるでしょう。

▶ 同窓会、集合場所に早く着き過ぎた。あまり話したことのない友人と2人きりに

✖ 元気だった？

⭕ 早く着き過ぎてしまったね。

展開例 自 早く着き過ぎたみたい。まだ私たちだけだね。相 そうだね。自 私は心配性だから、いつも早く着くんだ。あなたは？ 相 前の予定が早く終わって。

POINT 共通の思い出話がない級友とは、「早く着き過ぎた」という2人の現状を話題にしてみましょう。他の同級生が来るまでと割り切れば気も楽です。

▶ 初めての料理教室。試食中、誰も話さない…

✖ おいしいですね。

⭕ 今日教わった○○、知ってましたか？

展開例 自 今日教わった「かえし」っていう調味料、知ってましたか？ 相 いいえ。自 私も初めて聞きました。相 でも、おいしいわ。

POINT ○○の部分は、材料でも調理法でも構いません。その日習ったことのなかから、「はい」「いいえ」で答えられる問いかけをしてみましょう。

▶ 習い事の帰り道、駅のホームで同じ教室の顔見知りを発見

✖ ご自宅はどちらですか？

⭕ ご自宅は遠いんですか？

展開例 自 ○○さんもこの電車だったんですね。ご自宅は遠いんですか？ 相 いえ、2駅先の○○です。 自 ○○ですか。 相 ええ、公園が多いんですよ。

POINT それほど親しくない間柄なら、自宅までの距離を聞いてみましょう。返事次第で、プライベートを明かしたくない人か、オープンな人か見定めましょう。

▶ 習い事の帰り道、会ったばかりの先生とバッタリ

✖ 今日はありがとうございました。

⭕ 何かコツってありますか？

展開例 自 今日習ったあの部分、なかなか上手くできないんです。何かコツってありますか？ 相 頭の中で体の動きをイメージしながら、ゆっくりやるといいですよ。

POINT せっかくの機会なので、習い事が上達するちょっとしたコツを聞いてみましょう。先生も勤務後なので、サクッと解決するような質問がいいでしょう。

▶ 1人で参加したボランティア。すでに打ち解けているメンバーの輪に入りづらい

✖ 皆さん仲がいいんですね。

⭕ ルールがあれば教えてください。

展開例 自 今日初めて参加するんです。何かルールがあれば教えてくださいね。 相 そうなんだ。ゆっくり覚えていけばいいよ。こちらこそよろしくね。

POINT グループ内でのルールや決まり事などがある場合、いろいろと教わるうちに次第に打ち解けてきます。無理に仲よくなろうと焦る必要はありません。

165

▶ 友人の披露宴に1人で参加。周りに知人がいない

✖ はじめまして。

⭕ 職場での〇〇さんはどんな様子ですか？

展開例 自 学生時代の〇〇さんはムードメーカーでした。職場ではどんな様子ですか？ 相 ムードメーカーなのは学生時代からだったんだ。今もそうだよ。

POINT 披露宴では、主役の新郎（新婦）を話題の中心にしましょう。お互いの新郎（新婦）との関係を会話の糸口にすればスマートです。

▶ 結婚式の2次会、立食パーティーに1人で参加

✖ お1人ですか？

⭕ 居場所がないですね。

展開例 自 周りはみんな知り合い同士みたいで、居場所がないですね。 相 そうですね。 自 失礼ですけれどお名前は？ 相 〇〇と申します。あたなは？

POINT 同じように1人でいる人に声をかけてみましょう。相手も同じように気まずい思いをしているので、まずはその状況をきっかけにしてみましょう。

▶ 友人宅を訪問。友人の配偶者とどう話す？

✖ 〇〇さんはどんな人ですか？

⭕ 奥（旦那）さんといる時の〇〇さんって……

展開例 自 奥（旦那）さんといる時の〇〇さんって、よく笑うんですね。 相 普段は違うんですか？ 自 ええ。きっと家庭は居心地がいいんでしょうね。

POINT 「奥（旦那）さんといると幸せそうだ」と言われて、嫌な気持ちになる人はいません。家族だけに見せる友人の顔を聞いてみるのも楽しいですよ。

▶ 夫(妻)の友人とどう話す?

✘ 2人はどんな関係だったの?

⭕ 学生時代はよく一緒に旅行したそうですね。

展開例 自 夫(妻)と◯◯さんは、学生時代はよく一緒に旅行したそうですね。 相 ええ、よくご存知ですね。 自 しょっちゅう嬉しそうに話していましたから。

POINT 事前に夫(妻)と友人の関係を聞いて話題にすれば、訪問前から友人に興味を持っていたことを伝えられ、初対面でも好印象で会話ができます。

▶ レストランで、あまり親しくない友人が恋人といた

✘ 何食べてるの?

⭕ このお店、よく来るの?

展開例 自 やあ。このお店、よく来るの? 相 たまにね。君は? 自 今日が初めてなんだ。じゃあごゆっくり。 相 じゃあ。

POINT 親しくないからといって、相手を避けるのはNG。ただ、相手もプライベートなので、あまり深い話はせずにサクッと立ち去るのがベター。

▶ 自分の情報をさりげなく発信したい

✘ 痩せたんだ!すごいでしょ!

⭕ ◯◯って言われるんですよ。

展開例 自 最近嫁に痩せたって言われるんですよ。 相 そう言われると、確かに少し痩せましたね。 自 毎朝走っている成果かな。 相 それは見習いたいですね!

POINT 他人から言われたとすることで、自分のことをオブラートに包んで話すテクニックです。自分の努力や成功をさりげなくアピールしたい時にも使えます。

FOR PRIVATE
SCENE 3

時には遠慮のない言葉が飛び交う
家族や親戚との会話では
「やり過ごす」ことも大切

家族親族との付き合いで

ココがPOINT

- 近しいからこそ遠慮のないことを言ったり聞いたりする親族には、うまく受け流す術を身につけて。
- 就職や結婚などのおせっかいが気に障ったら、「おせっかい＝心配」と思ってやり過ごしましょう。
- 何度も話すエピソードや毎回の質問は習慣のようなもの。定型文だと思えばストレスも溜まりません。
- 「言わなくても分かるはず」と甘えがちな両親や配偶者にこそ、素直に感謝を伝えることが大切。
- 義理の家族とは、接点となる夫（妻）や子ども（孫）を話題にして、関係を深めていきましょう。

NG例

A: 結婚はまだか？　　　**B:** またその話？

A: いとこのCちゃんは来年入籍らしいぞ。貯金はしてるのか？　　**B:** まぁ、10万円ほど。

A: 10万円!?　そんなんじゃ結婚できないぞ。

POINT 質問に正直に答えたら、さらに不快な言葉を聞かされる結果に。親族故の無遠慮な質問には、こちらも甘えて適当に答えてもいいでしょう。

▶ 姪、甥がそっけない

✘ 一緒に話そうよ。

⭕ お土産買ってきたから食べてね。

展開例 自 ○○くん、お土産買ってきたから食べてね。 相 どうも。 自 地元でかなり有名なお店のプリンなんだよ〜。美味しいうちにどうぞ。

POINT 思春期の甥や姪は、大人との関係に戸惑いを感じていることが多いもの。気にかけていることを伝えたら、相手から近づいてくるのを待ちましょう。

▶ 妻（母）が夕食を作ってくれた

✘ いただきます。

⭕ いつもおいしい料理をありがとう。

展開例 自 いつもおいしい料理をありがとう。 相 急にどうしたの？何かあった？ 自 いや、いつもお礼を伝えてないから。 相 珍しいわね。でも嬉しいわ。

POINT やってもらって当たり前だと思わず、ひとつひとつ感謝の気持ちを伝えましょう。家族の笑顔が増えて、何気ない会話もはずむようになるはずです。

▶ 普段なかなかゆっくり会話できない子どもに、学校の様子を聞きたい

✘ 学校はどう？

⭕ 学校で一番楽しいのはどんな時？

展開例 自 今、学校で一番楽しいのはどんな時かな？ 相 えーっと、美術の時間かな。 自 へぇ、なにか理由があるの？ 相 先生に色使いをほめられたんだ。

POINT 「学校はどう？」という質問は何を聞かれているのか漠然として答えづらいもの。相手が答えやすい質問で、会話を引き出しましょう。

▶ 両親と会うたびに「結婚は？」と聞いてくる

❌ **放っておいてよ。**

⭕ **私もしたいんだけど、なかなかねぇ。**

展開例 相 結婚はまだなの？ 自 私もしたいんだけど、なかなかねぇ。相 好きな人はいないの？ 自 好きな人ねぇ。相 お見合いは？ 自 お見合いねぇ。

POINT 結婚したい気持ちがないわけではないことを伝えつつ、やんわりと受け流しましょう。親もあいさつ程度に聞いているだけというケースも多いです。

▶ 結婚前に無口な親同士が顔合わせ

❌ **お義父さんのご趣味は…**

⭕ **○○さんが小さい頃は……**

展開例 自 ○○さんが小さい頃は毎年潮干狩りに行かれたそうですね。相 そうそう。○○は潮干狩りが好きで、バケツに山盛りとっていたなぁ。

POINT 恋人とご両親との思い出を事前に聞いておきましょう。恋人側の思い出話に花が咲けば、自分の両親も「そういえばうちも…」なんて話し出すかも。

▶ 無口な父。母亡き後の様子を聞きたいのだが……

❌ **最近どう？ 元気にしてる？**

⭕ **最近こんなことがあってね……**

展開例 自 最近仕事で失敗しちゃったんだけど、先輩が助けてくれたんだ。相 そうか。自 うん。頼れる先輩でいろいろ教えてもらってる。相 がんばってるんだな。

POINT 無口で自分からは連絡しない父親も、子どもの様子は気になっているはず。相手が話し出すまで、自分の近況を伝えてあげましょう。

▶ 義両親の「孫はまだか？」攻撃をかわしたい

✖ ええ、まぁ。

⭕ 僕たちもまだかなとは思っているんですが……

展開例 相 孫はまだか？ 自 僕たちもまだかなとは思っているんですが、こればかりは授かり物ですから。相 それもそうだが… 自 早く授かりたいですねぇ。

POINT 真正面からぶつかっても、お互いに譲らないような内容は、表面上は同意しているように装ってスルーするのが、ストレスを溜めないコツです。

▶ 義理の姉妹が無口。嫌われている？

✖ 私、何かしましたか？

⭕ お手伝いしますね。

展開例 自 食事の後片付け、私もお手伝いしますね。相 あら、ありがとう。自 お義母さんのお料理、いつも美味しいですね。相 母は昔から料理が好きなのよ。

POINT 無口なのかどうか不明な場合は、お手伝いするなどして作業を共有しましょう。作業をしながらポツポツと会話できるようなら嫌われてはいないでしょう。

▶ 義理の姉妹の愚痴にどう付き合う？

✖ はぁ、そうなんですか。

⭕ ○○さんも大変ですね。

展開例 相 毎日毎日、ほんとに嫌になっちゃうわ。自 子育てに家事、仕事でお義姉さんも大変ですね。相 分かってくれてうれしいわ。ついこの間もね……

POINT グチには、適度に共感してあげましょう。そうすることで、相手も適度にストレスを吐き出すことができ、良好な関係が築けるでしょう。

▶ 義理の両親となかなか打ち解けない

✖ 最近お仕事はどうですか。

〇 娘（息子が）○○したんです。

展開例 　自 先日、娘（息子）が市の絵画コンクールに入賞したんですよ。　相 まぁ、すごい！　自 ライオンを描いたんですけど、迫力があるとほめられたそうです。

POINT 　どんなに無愛想に見える義両親でも、孫の話には相好を崩すもの。積極的に孫の様子を教えてくれる気遣いに、義両親のあなたを見る目も変わるはず。

▶ 義実家の家族が全員無口。帰省が辛い

✖ 何か話しませんか？

〇 テレビつけてもいいですか。

展開例 　自 テレビをつけてもいいですか？　相 どうぞ。　自 このバラエティ番組、毎週見てるんですよ。　相 そうなの。　自 お義母さんは観たことありますか？

POINT 　全員が無口な家庭では、あなた以外は沈黙を苦痛に感じていません。それでも沈黙が気になるようならテレビをつけて、その内容を話してみましょう。

▶ 義母の電話が長い

✖ すみません、そろそろ……

〇 あら、もうこんな時間！○○しないと。

展開例 　相 それでね……　自 あら、もうこんな時間！　お義母さんすみません、私、そろそろ銀行に行かないと。　相 あら、そうなの？　じゃあまた今度ね。

POINT 　おしゃべりに夢中な人には、「話を切り上げなくてはいけなくなった」状況を演出して、角を立てずに伝えましょう。顔が見えない電話ならではの良策です。

▶ 孫の教育に口を出す義両親とどう付き合う？

✘ 私たちには私たちの考えがあるので。

○ 確かに◯◯かもしれませんね。

展開例 相 小学校から英語授業があるなら、幼稚園の今から英会話教室に行くほうがいいわよ。自 確かに、英語の早期教育も必要かもしれませんね。相 ねぇ。

POINT 義両親なりの孫を心配する気持ちに配慮した言葉です。義両親も、自分達の考えを尊重してくれたと満足すれば、それ以上は言わないでしょう。

▶「保育園なんて可哀想」という義両親。どう言えば納得する？

✘ でも、今どきはみんなそうしてますよ。

○ 私もそう思ったのですが

展開例 相 ０歳から保育園なんて可哀想よ。自 私も最初はそう思ったんですけど、見学してみたら楽しそうで安心しました。相 そうなの？ 自 ええ。例えば……

POINT すぐに否定すると義両親を拒絶している印象を与えかねません。まず義両親の気持ちに共感し、こちらの言葉を肯定的に聞いてもらうようにしましょう。

▶ 口を開けば「もう永くはないよ」という義父。返事に困る

✖ どこか悪いんですか？

⭕ そんなことありませんよ。

展開例 [相] もう永くはないから、私のことは気にしなくていいよ。[自] そんなことありませんよ。そうだ、来月一緒に旅行に行きましょう。温泉なんていかがですか？

POINT 年を取れば誰もが口にするあいさつのようなものですから、サラリと受け流しましょう。気になるようなら、一緒に楽しむ行事を提案してみて。

▶ 法事の席で遠縁の親戚と。もはやどんな縁故かも分からない

✖ 故人とはどのような関係で？

⭕ 弱っちゃいますね。

展開例 [自] こう親類が多いと、関係もあやふやで、弱っちゃいますね。[相] ええ。私も知らない人ばかりで、どうも居心地が悪くて。[自] 本当にねぇ。

POINT 困惑を素直に表現してみましょう。同じように感じている人がいれば気が楽になりますし、思いがけず古い家系図が出てきて盛り上がるかもしれません。

▶ 子どもが反抗期。最近まともな会話をしていない

✖ ちょっとは話をしなさい。

⭕ ○○というアイドルは……

展開例 [自] この○○というアイドルは、誰がリーダーなの？ [相] 真ん中の子だよ。[自] で、お前は誰のファンなんだい？ [相] 右端から3番目の子。[自] なるほど。

POINT 普段から子どもが何に興味を持っているか観察しておきましょう。ほんのひと言ふた言の会話でも、コミュニケーションを続けることが大切です。

▶会うたびに昔の恥ずかしいエピソードを披露する叔母

❌ 恥ずかしいからやめてよ。

⭕ そんなこともあったね。そういえば

展開例 相 ○○は昔……。 自 そんなこともあったね。そういえば、今年の初詣はどこに行こうか。 相 初詣はいつも○○って決まってるじゃないか。 自 そうだっけ。

POINT 叔父や叔母はあなたの嫌がる姿がかわいくてつい意地悪をしてしまうのです。ここはサラリと受け流して、話をそらしましょう。

▶合うたびに同じ話をする叔父

❌ もう何度も聞いたよ。

⭕ 最近釣った大物は?

展開例 相 釣りはいいぞ。俺は昔こんなでっかい鯛を釣ったんだ。 自 相変わらず釣りに行ってるんだね。最近釣った大物は? 相 痛いことを聞いてくるなぁ。

POINT いっそのこと、思う存分話をさせてあげましょう。ただし、みんな聞き飽きているでしょうから、興味がある振りだけをして聞き流しても構わないでしょう。

▶話したくない話題を別の話題に変えたい時

❌ ○○の話はもういいじゃないですか。

⭕ ○○と言えば……

展開例 相 貯金はいくらなの? しっかり貯めないとダメよ。 自 貯金といえば、最近の金利は低すぎるよね。もうちょっと上がらないかなぁ。 相 そうねぇ。

POINT 話したくない話題は、さりげなく別の話題に切り換えましょう。「○○と言えば○○ですね」と連想ゲームのように話題を転換するとスムーズです。

▶ 夫（妻）が無口。たまには夫婦の会話も楽しみたいのだが

✖ 今日こんなことがあってね。

⭕ 昔はよく◯◯したよね。

展開例 🈁 昔はふたりでよく映画を観に行ったよね。今度の週末、久しぶりに観に行かない？ 🈔 そうだな。 🈁 何を観ようか。今なら……。

POINT 長く連れ添うと、その日の報告になりがちな夫婦の会話。たまには昔の思い出話をして、恋人時代の気持ちを蘇らせてみましょう。

▶ 何かと「うらやましい」という義姉。悪気はないようなのだが

✖ お義姉さんのところこそ……

⭕ おかげで◯◯ですよ。

展開例 🈁 先日家族旅行に行ったんです。 🈔 いいわね、うちはそんな余裕ないわ。 🈁 うちもですよ。おかげで1ヶ月は節約しないといけなくて辛いんですよ。

POINT 「余裕がない」状況を具体的に伝えましょう。深刻過ぎる内容は、相手に「からかわれている、バカにされている」と誤解されかねないので注意しましょう。

▶ 帰省するたびに大量の手料理でもてなしてくれる義母に

✖ こんなに食べきれません。

⭕ 美味しいから、お腹をすかせてきたんです。

展開例 🈁 お義母さんの手料理はおいしいからお腹をすかせてきたんですけど、そろそろお腹いっぱいです。 🈔 嬉しいことを言ってくれるのね。無理しないで。

POINT 先に、手料理が楽しみな気持ちを伝えましょう。伝える順序が逆になると、言い訳をしているように捉えられてマイナスイメージになってしまいます。

▶ 手土産を持参すると「気を遣わなくていいのに」と義母。気の利いた返事は？

✖ いえいえ、そんな。

⭕ ぜひ食べていただきたくて。

展開例 自 うちも同じものをいただいて、すごく美味しかったからお義母さんにもぜひ食べていただきたいんです。 相 あらそう？ じゃあ一緒に食べましょうか。

POINT 大切な人とだからこそ、美味しいものを共有したい、という気持ちを表します。気を遣われることを好ましく思わない方に使いたいフレーズです。

▶ なかなか帰省できない義実家へ

✖ 忙しくてなかなか行けないんです。

⭕ そちらではそろそろ○○の季節ですね。

展開例 自 そちらではそろそろ雪が降り出す季節ですね。温かいセーターを送ります。 相 ありがとう。あなたも風邪をひかないようにね。

POINT 帰れない言い訳ではなく、相手の状況や環境を考慮した労いの気持ちを送りましょう。顔は出せなくとも、相手を気にかけていることを伝えられます。

▶ 祖父母と同居。思春期以降、気恥ずかしくて素直に労えない

✖ 別に……

⭕ これ、○○にいいんだって。

展開例 自 これ、腰痛にいいんだって。使ってみて。 相 それはありがとう。○○は仕事どうだい？ しっかりやっているか？ 自 うん、まぁまぁだよ。

POINT 普段の様子を見ているからできる気遣いをしてみましょう。その時、恥ずかしさから素っ気ない態度になってしまったとしても、気持ちはきっと伝わります。

FOR PRIVATE
SCENE 4

最初に自分から好意を示して
相手の警戒心を解くことで
良好な関係を築きましょう

初対面の人と

! ココがPOINT

- 表面的な情報ではなく、相手の気持ちを尋ねる質問で、相手への興味を伝えましょう。
- 趣味を楽しむ気持ち、仕事への姿勢など、1つでも共通点が見つかると会話が盛り上がります。
- すぐに仲よくなろうと焦らず、時間をかけて少しずつ分かりあえればいいと思えば気が楽です。
- 自分のことを話す場合は、熱く語りすぎないよう気をつけて。相手の反応を見ながら話しましょう。
- 警戒心の強い相手には、先に自分のことを話して、敵意がないことをアピールしましょう。

NG例

A: 仕事は何をしているの？	B: 看護師です。
A: 夜勤や、土日出勤もあるの？	B: ええ。
A: それだと結婚後も続けるのは難しいよね？ 僕とも休みが合わないし。	

POINT 相手の条件だけに反応して、一方的に合う／合わないを判断しています。看護師を選んだ理由など、人間性を伺う質問をしましょう。

▶ 婚活で、相手が休日をどのように過ごすか聞きたい

✘ 休みの日は何をして過ごしていますか？

◯ 外出することが多いですか？

展開例 自 お休みの日は外出することが多いですか？ 相 いえ。 自 そうなんですね。僕も家にいて、映画を観るんですが、○○さんはどう過ごされるんですか？

POINT 漠然と「何をしているの」と聞かれると、どう答えていいか分からず困ってしまうもの。YES か NO で答えられる質問なら、相手も気軽に答えられます。

▶ 婚活で相手のプロフィールカードに書かれている趣味を話題にしたい

✘ ○○ってどんなことをするのですか？

◯ ○○するときは、どんな気持ちなのですか？

展開例 相 テニスが趣味なんです。 自 そうなんですね。テニスをするときって、どんな気持ちですか？ 相 スッキリしますよ。嫌なことがあってもリセットできます。

POINT 頻度や経験年数といった情報を確認する質問ではなく、相手が趣味に興じている時を思い出して楽しい気持ちになれるような質問をしてみましょう。

▶ 婚活パーティー。自分から声をかけられない

✘ あの、こんにちは。

◯ そのドレス、とても似合っていますね。

展開例 自 そのドレス、とても似合っていますね。 相 ありがとう。ちょっと派手かなと思ったんだけど。 自 そんなことありませんよ。華やかで素敵です。

POINT 相手の服装や髪型など、目についた部分をほめましょう。ただし、体型や容姿に関わる事はデリケートな話題ですから避けましょう。

▶ 婚活パーティー。うまく自己紹介したい

✖ 趣味は〇〇です。

⭕ 先月から〇〇にハマっています。

展開例 　自 先月から写真にハマっています。うまく撮るコツやおすすめのカメラがあればぜひ教えてください。 相 私も写真が好きなんですよ。どんな写真を撮るの？

POINT 　自分の情報をオープンにすることで、親しみを覚えてもらえます。さらに「教えてください」と加えると、会話する準備が整っていることが伝わります。

▶ 婚活パーティー。会話が続かない

✖ 趣味はテニスですか。

⭕ きっと楽しいのでしょうね。

展開例 　自 テニスがお好きなんですね。私は経験がないのですが、きっと楽しいのでしょうね。 相 ええ、うまくスマッシュが決まると、気持ちがいいんですよ。

POINT 　自分からうまく話せない場合は、相手に話してもらいましょう。その際は、相手が自由に話せるような質問を投げかけるのがポイントです。

▶ お見合いの相手が仕事人間。話題が見つからない

✖ 仕事がお好きなんですね。

⭕ ご苦労も多いのでしょうね。

展開例 　自 それだけ仕事に打ち込んでいると、ご苦労も多いのでしょうね。 相 ええ、実はそうなんですよ。分かってくれる方がいてうれしいなぁ。先日もね……

POINT 　どんな仕事人間にも、仕事が嫌だ、大変だと思う瞬間はあるはず。その気持ちを話題にすれば、意外なエピソードで盛り上がるかもしれません。

▶ 婚活で相手に興味を抱いていることを伝えたい

✖ そうですか。

⭕ へぇ、○○ですか♪

展開例 相 休みの日はよく美術館へ行きます。 相 へぇ、美術館ですか♪ 相 ええ。先日は「きのこ展」へ行きました。 自 きのこですか！？珍しいですね。

POINT 楽しげなあいづちは、「あなたのお話をもっと聞きたい」というメッセージに。さらに、相手からの会話を引き出してくれるので口ベタな方にはおすすめです。

▶ 婚活で相手の趣味を話題にしたい

✖ それって○○ですよね。

⭕ うまく○○できるものですか。

展開例 相 学生時代からアーチェリーをしています。 自 アーチェリーですか。的にはうまく当たるものですか？ 相 まぁまぁですね。全然だめな時もありますけど。

POINT 相手の趣味に対して勝手なイメージで会話をすると、相手は話したい気持ちが遮られて嫌な気分に。趣味の事は、本人に話してもらうようにしましょう。

▶ 婚活パーティー。興味を持てない異性をうまくかわしたい。

✖ ごめんなさい。

⭕ 皆さんで話しましょう。

展開例 相 でね……。 自 ○○さんのお話、楽しいですね。せっかくですから、皆さんで話しましょうよ。ねぇ、皆さん。 相 そう？ じゃあ、あちらに行こうか。

POINT 他の参加者も巻き込んで、大勢で会話を楽しむ方向へスライドしましょう。しばらく複数で話した後でその場を離れれば、やんわりと断れます。

FOR PRIVATE
SCENE 5

男性と女性とで異なる
雑談のポイントを知って
相手に好印象を残しましょう

恋愛の場面で

! ココがPOINT

- 相手の得意分野について聞いたり教わったりすることで、自尊心を尊重しましょう。
- 話を聞いてもらえると嬉しい人は多いもの。あいづちで、「聞いている」アピールをしましょう。
- 知らない話題に対しては知ったかぶりせずに、素直に分からないと伝えるほうが誠実です。
- 格好をつけずにちょっとダメな自分も見せることで、緊張感がとれて親しみやすい印象に。
- 相手の趣味や仕事について、内容よりもどんな苦労や楽しさがあるのか、相手の「感情」を聞いてみよう。

NG例

A: 趣味は何ですか？　　　　　　**B:** 学生時代からテニスをしています。

A: お休みの日は毎日やっているのですか？　　**B:** いいえ、月に2回ほどです。

A: 他の休日は何をしているの？

POINT 自分が知りたい事柄だけを質問して、情報のやりとりに終わっています。もっと相手の気持ちや考えを尋ねる質問を心がけましょう。

▶ 街で偶然、気になる異性にバッタリ！ うまく話しかけたい

✖ 偶然ですね！

⭕ こんにちは。○○さんに会えるなんて嬉しいです！

展開例 自 こんにちは。○○さんに会えるなんて嬉しいです！ 今日はどこかへおでかけですか？ 相 うん、ちょっと買物にね。君はどこへ行くの？

POINT 好意を寄せられて嫌な人は少ないですが、いきなり恋愛感情を伝えられると困惑することも。まずは軽めの表現から伝えましょう。

▶ 憧れの人との初デート。口ベタだけど、退屈していると誤解されたくない

✖ ごめん、つまらないかな？

⭕ 緊張してうまく話せないかも。

展開例 自 今日はありがとう。緊張してうまく話せないかもしれないけど、すごく楽しみにしていたんだ。 相 楽しみにしてくれていたんだ。それは嬉しいな。

POINT 「沈黙＝つまらない」と思われそうで不安なら、最初に緊張してうまく話せないことを伝えましょう。デートを楽しみにしていた思いも伝わり好印象です。

▶ テーマパークでデート。行列が長過ぎる

✖ すごい人だね。

⭕ これまで並んだ行列は？

展開例 相 なかなか進まないね。 自 そうだね。ところで、これまで並んだ行列で、一番辛かったのはどんな時？ 相 えっ、急だね。でも、そうだなぁ…

POINT あえて行列を題材に、過去の経験を話題にします。「長時間並んでも平気」「実は10分が限界」など、意外な人間性が分かるかもしれません。

▶ 気になる人に自然に声をかけたい

✖ ○○さんっておしゃれですね。

⭕ **素敵な○○ですね。**

展開例 自 素敵なネクタイですね。○○さんはおしゃれでうらやましいな。相 友人が選んでくれたんだよ。自 わぁ、センスのいい友人をお持ちですね。

POINT 誰だってほめられると嬉しいものです。それがどんなに些細なものであれ、自分に注目してくれていると分かると相手に好印象を抱きます。

▶ 興味の持てない異性の、興味の持てない長話。そろそろ切り上げたい

✖ ふぅん、それで？

⭕ **はい、なるほど。**

展開例 相 ○○って、世界に数台しかない車なんだけど、エンジン音がかっこいいんだ。自 はい、なるほど。そうなんですね。相 そうなんだよ。それで……

POINT こちらから質問することはぜずに。相手の話を淡々と聞き流しましょう。できるだけ同じトーンであいづちを重ねれば、相手も話しがいがなくなります。

▶ 好きな人の趣味が理解できない。どうすればいい？

✖ へぇ、そうなんだ……

⭕ **○○のどんなところが魅力なの？**

展開例 相 廃線跡巡りが好きなんです。自 そうなんだ。廃線跡のどんなところが魅力なの？ 相 昔ここを列車が通っていたんだなぁって想像して歩くとね……

POINT 「趣味は違えど楽しむ気持ちは同じ」というスタンスです。趣味の内容より、「時間を忘れる」「気分が盛り上がる」など、趣味を楽しむ気持ちに共感しましょう。

▶ 気になる人にそれとなく好意を伝えたい

❌ 素敵ですね。

⭕ 元気をもらえます。

展開例 自 ○○さんに会うと、元気をもらえるんですよ。相 そうなの？ 自 はい。今日もちょっと落ち込むことがあったんですけど、すっかり元気になりました。

POINT 好きな人に会えると嬉しくなる気持ちを伝えましょう。ただしストレートすぎると戸惑われる場合もあるので、まずは「元気をもらえる」くらいがベターです。

▶ ほめられ下手。謙遜しすぎるクセをなんとかしたい

❌ そんなことないですよ。

⭕ ありがとうございます。嬉しいです。

展開例 相 最近よく頑張ってるね。自 ありがとうございます。ちょっと照れくさいですけど、嬉しいです。相 これからもぜひ頑張ってね。期待してるよ。

POINT ほめ言葉は、あなたへの興味や好意ですから、素直に受け取りましょう。その時にほめられて嬉しい気持ちを伝えれば、相手との関係も深まります。

▶ 気になる異性にもう一歩近づきたい

❌ 今度ご一緒させてください。

⭕ 一度、実際に見てみたいですね。

展開例 自 相撲はよく知らないのですが、楽しそうですね。一度、実際に見てみたいですね。相 じゃあ、今度一緒にチケットを取ってあげるよ。いつが空いてる？

POINT 相手もこちらに関心を抱いてくれれば「ぜひ一緒に」と誘ってくれるでしょう。もし誘われなくてもダメージが少ないので、気軽に会話を楽しみましょう。

▶ 好きな人のことをもっと知りたい

✖ 休日は何をしていますか？

〇 ○○って聞いてもいいですか？

展開例 自 休日は何をしているかって聞いてもいいですか？ 相 もちろん。ただ、そんな特別なことはしていないよ。部屋の片付けをして、友達と飲みに行くくらい。

POINT 人によって踏み込まれたくないプライベートの領域は異なるもの。嫌なら答えなくていいという配慮のある問いかけは、安心感と好印象をもたらします。

▶ 好きな人の趣味がマイナー過ぎる。もっと仲良くなりたいのに

✖ ○○なんて聞いたことありません。

〇 ○○ってどんなものですか？

展開例 自 水球ってどんなスポーツなんですか？ 相 水中でやるハンドボールみたいなものだよ。足で水かきしながらボールを投げるんで、バランスが難しいんだ。

POINT マイナーな趣味こそ話題の宝庫。趣味との出会いや魅力、楽しみ方などを素直に尋ねる姿勢は、「趣味を理解しようとしてくれている」とプラスの評価に。

▶ 恋愛に自信がなく、つい自分を卑下してしまう

✖ 私なんてダメですよ。

〇 きっと素敵な恋愛をしていたんでしょうね。

展開例 自 ○○さんはきっと素敵な恋愛をしていたんでしょうね。 相 そうでもないよ。あなたこそ、誠実そうだし、素敵な恋愛をしていたんじゃないのかな。

POINT 自分を下げる発言は、相手に気を遣わせてしまいます。代わりに相手を上げる発言で、相手を尊重する気持ちや相手への好意を伝えましょう。

▶ 相手の結婚観（恋愛観）を、失礼にならないように聞きたい

✖ 理想の結婚生活は？

⭕ 芸能人の○○夫婦は○○だそうですよ。

展開例 自 芸能人の○○夫婦は浮気も容認らしいですね。 相 えー、それは信じられないな。 自 ○○さんは浮気はダメですか？ 相 絶対ダメだよ。

POINT 相手に直接聞くのがためらわれる話題は、第3者を主人公にするといいでしょう。金銭感覚や親族関係などデリケートな話題にも応用できます。

▶ 気になる異性と二人きり。何を話せばいい？

✖ いい天気ですね。

⭕ 以前話していた映画、観ましたよ。

展開例 自 以前○○さんが感動したって話していた映画、観ましたよ。 相 どうだった？ 自 私も感動して泣いちゃいましたよ。 相 やっぱり？　感動するよね。

POINT 以前話した内容を大切に覚えてくれていると、それだけで相手への好意が伝わります。また、一度共通の話題ができると、その後の会話がスムーズです。

あの映画観ましたよ！　どう？

COLUMN 5

雑談トラブル脱出術
「会話中の緊急事態対処法」

雑談中にたびたび直面する緊急事態。そんなピンチを華麗に切り抜ける対処法を紹介します。いざという時に活用してください。

NG例

あ、どうもこんにちは！

〇〇さん…？
△△さん!?
いや、××さん？

どうも〜

Aさん	「こんにちは！」
Bさん	「あっ、こんにちは！」
Aさん	「どうですか、最近は？」
Bさん	「(名前なんだっけ……)いやぁ、おかげさまで忙しくさせていただいています」

■ 苗字と下の名前をうまく使う

相手の名前を忘れてしまった時は、何食わぬ顔をして、「あの失礼ですが、お名前は何でしたっけ？」と聞くと、「あっ、私は〇〇と申します」と大抵苗字を答えます。そこで、「あっ！ 〇〇さんの苗字は存じ上げているのですが、下のお名前は何でしたっけ？…」と聞きましょう。自分が忘れていたのは下の名前ということにできるので、カドを立てずに名前を聞き出せます。

テクニック 1 　名前を忘れたら"聞く"会話例

Aさん　「Bさん、久しぶりですね」

Bさん　「お久しぶりです！
あれ？　失礼ですが、
お名前は何でしたっけ？」

Aさん　「お忘れですか？　私はAですよ」

Bさん　「あっ！　Aさんの
苗字は存じ上げているのですが、
下のお名前の方は何でしたっけ？」

Aさん　「あぁ、それなら○○です」

Bさん　「そうでしたね！
ありがとうございました！
どうしても下の名前が出てこなくて……」

Aさん　「そうだったんですね。急に名前を聞かれたのでびっくりしましたよ」

POINT　名前が思い出せずにあせると雑談にも支障が出ます。急に名前を聞かれた相手はびっくりすると思いますが、すぐ後でネタばらしができるので、怖がらずに試してみてください。

COLUMN 5

テクニック ② 年齢の違いを活かす会話例

■年齢差の大きな人には？

年齢差の大きい人と話す時は、"年の差が大きい"という"違い"がはっきりしているので、「想像できないですね！」「へぇ～、すごいですね、考えられないですね！」「是非とも、もっと詳しく教えてくれますか！」と違いに積極的に反応を示すのが効果的です。なお、同じ年代の人の場合は、同じような経験をしていることが多いため、いちいち説明しなくてもすぐに理解できるので、上記のようなフレーズは使わないほうがいいでしょう。

Aさん「私たちの世代はね、○○が普通だったんだよ」

Bさん「<u>想像できないですね！</u>」

Aさん「そうだろうね。特に○○はすごかったね」

Bさん「<u>ぜひとも、もっと詳しく教えてくれませんか！</u>」

Aさん「○○は、○○でね」

Bさん「へぇ！ Aさんの話は<u>勉強になるなぁ</u>」

POINT 自分との違いに興味を持って、話を聞きましょう。年上の相手なら昔の話、年下の相手なら今の若い世代の話を吸収できるチャンスなので、積極的に話していきましょう。

テクニック 3 怒りを受け止めて、解決案を提示する 会話例

■ 怒っている相手を立てる

"クレームや怒り"は、一般的には嫌がられますが、コミュニケーションの面では、非常に分かりやすいものです。なぜなら、「私は怒っている！」という感情が前面に出てくるからです。そんな相手には、きちんと謝り、相手の話を聞いて怒りの原因をしっかりと受け取ってから解決策を提案しなければなりません。自分の立場のことばかり考えて、相手の立場に立てないと、問題解決に持っていけないので注意してください。

> **Aさん**　「○○はどうなってるんだ！」
>
> **Bさん**　「さぞかし不快な思いをされたのですね。本当に失礼いたしました。申し訳ございません！」
>
> **Aさん**　「何でこういうことになったのか説明しろ！」
>
> **Bさん**　「今後二度とそのようなことが無いようにするためにも、その時の状況を詳しくお聞かせいただけると助かります」
>
> **Aさん**　「○○が、○○で、○○になったんだよ！」
>
> **Bさん**　「なるほど、それは大変失礼しました。それでしたら○○をさせていただきます」

POINT　怒っている相手に対しては、まずある程度怒りが収まるまで、謝り続けることが重要です。そして、タイミングを見て、怒りの原因を探り、その解決案を提示しましょう。

監修者
櫻井 弘(さくらい ひろし)

東京都港区生まれ。(株)櫻井弘話し方研究所代表取締役社長、(株)話し方研究所顧問。製薬、金融、サービス、IT関連等の民間企業をはじめ、人事院、各省庁、自治大学校、JMAなどの官公庁・各種コミュニケーションに関する研修を手がけ研修先は1,000以上に及ぶ。近著に「言いたいことを今より10倍伝える話し方のコツ」(日本文芸社)、「大人なら知っておきたい モノの言い方サクッとノート」(永岡書店)など。

STAFF

構成・編集	岡田健太郎(コンセント)
	小林びじお
	松川ハナ
イラスト	後藤亮平(BLOCKBUSTER)
本文デザイン	吉田香織(スタジオダンク)
DTP	編集室クルー
校正	くすのき舎

誰と会っても会話に困らない
雑談力サクッとノート

監修者/櫻井 弘
発行者/永岡純一
発行所/株式会社永岡書店
〒176-8518　東京都練馬区豊玉上1-7-14
　　　　　☎03(3992)5155(代表)
　　　　　☎03(3992)7191(編集)
印刷/ダイオーミウラ
製本/ヤマナカ製本

ISBN978-4-522-43305-8 C0036　⑦
落丁本・乱丁本はお取り替えいたします。
本書の無断複写・複製・転載を禁じます。